마을에서 크는 아이

임경수

마을에서 크는 아이

지은이	임경수
초판발행	2024년 2월 15일
펴낸이	배용하
책임편집	배용하
등록	제2021-000004호
펴낸곳	도서출판 비공
	https://bigong.org | 페이스북:평화책마을비공
등록한곳	충남 논산시 매죽헌로 1176번길 8-54
편집부	전화 041-742-1424 전송 0303-0959-1424
분류	교육 | 시골 | 교육철학
ISBN	979-11-93272-04-6　　03190

값 12,000원

차 / 례

책을 내며

가족들의 이야기로 책을 쓰겠다고 하니 아이들은 불편했지만, 여기저기 적어놓았던 메모와 컴퓨터에 저장한 자료로 기억을 모아 글을 쓰기 시작했다. 시골에서 아이를 키우며 보통의 아빠라면 접하지 않는 경험을 관심이 있는 다른 부모와 나누면 좋겠다는 생각이었다. 책이 곧 나올거라 하니 여전히 아이들은 달가워하지 않았지만, 그 내용을 보자고 하진 않았다. 흔쾌하지 않지만, 아이들의 암묵적 승인이었다. 먼저 그렇게 이 책의 출간을 받아들여 준 아이들에게 고마움을 전한다.

출판계에 있는 지인에게 초고를 보여주었더니 독자에게 전달하고 싶은 메시지가 무엇인지 모호하다는 의견을 주셨다. 어떤 독자들에게 무슨 이야기를 할 것인지 구체적으로 정하지 않고 그저 개인적인 경험을 에피소드별로 정리한 탓이었다. 원고를 다시 읽으며 내가 아이들을 키우며 어떤 가치나 방향성을 가지고 있었는지, 그 어떤 생각을 하고 있었는지 되물어 보았다. 무슨 서약처럼 써놓고 지킨 것은 아니지만, 크게 세 가지로 정리할 수 있었다. 첫 번째는 아이들이 돈을 잘 벌거나 이른바 출세라고 생각하는 직업을 가지는 것이 아니라 하고 싶은 일을 찾고 그 일을 하면서 행복하게 살기를 바랐다. 그래서 가급적 무엇이 되라, 무엇이 되려면 이렇게 해야 한다고 이야기하지 않았다. 그래서 둘째로는 좋은 대학의 진학은 목표가 아니라 하고 싶은 일을 하기 위한 하나의 과정일 뿐이며 대학 이외에 다른 과정이 있다면 그걸 선택할 수 있다고 생각했다. 그 생각이 대학 진학을 중심에 두지 않은 학교로의 진학이나 자퇴를 받아들이는데 바탕이 되었던 것 같다. 세 번째는 부모는 아이에게 여러 가지 선택지를 제공하고 그걸 스스로 선택할 수 있게 해야 한다고 생각했다. 또한 아이들이 어떤 선택을 하든 그걸 지지하고 응원할 것이라는 믿음을 주어야 한다고 생각했다. 그래서 어떤 결정을 내려야 할 아이들의 선택을 가장 우선시했고 그 선택을 존중했다. 그에 따라 아이들은 신중하게 선택했고 그 책임을 지려고 노력했던 것 같다. 이 세 가지를 염두에 두고 써 놓았던 에피소드에 아이들과의 대화를 첨가하거나 불필요한 부분을 삭제하면서 다듬었다. 또한 대안학교나 마을교육공동체 등의 생소한 이야기에 도움이 될 것 같아 선생님 두 분과 마을교육공동체 활동을 한 학부모의 인터뷰를 보탰다.

우선 이 책은 귀농귀촌을 희망하는 젊은 분들이 읽었으면 좋겠다. 이들의 고민 중의 하나는 자녀 교육이다. 가끔 이런 질문을 받는다. '시골에서 학교 다녀도 대학의 진학에 문제는 없을까요?' 스스로 대학 전공과 도시에서 하던 일을 버리고 시골로 가겠다고 하면서 아이는 꼭 대학을 보내야겠다고 생각하는 건 왜일까. 자신의 삶을 진지하게 고민하면서 다른 길을 고민하는 부모를 만난 자녀들은 이미 좋은 교과서를 보고 있고 훌륭한 선생님을 만나고 있는 셈이다. 시골에 내려올 결심이 섰다면 그 고민을 아이들과 함께 나누면 된다. 그 과정에 이 책이 도움이 될 수 있었으면 좋겠다.

이 책은 마을교육공동체와 관련한 활동을 하는 교사, 학부모, 지역단체, 특히 교육정책 담당자가 읽었으면 좋겠다. 현재의 수월성 교육의 대안은 현재로선 마을교육공동체이다. 기존의 공교육 시스템이 하루아침에 바뀔 리 없을 것이고 대학으로 줄 세우고 연봉으로 귀천을 삼는 사회를 바꾸지 않는 한 학교도 바뀌지 않을 것이다. 다양한 삶을 보고 느끼며 정형화된 삶이 아니라 다양한 방식으로 얼마든지 행복하게 살 수 있다는 경험을 아이들 주변에서 제공해 줄 수 있는 곳은 마을이다. 스스로 자신을 줄 세우지 않아도 된다는 것, 그 줄에 서지 않았다고 해서 낙오자가 아니라는 것, 그런 줄이 필요치 않은 곳도 있다는 것을 마을교육공동체를 통해 아이들이 알았으면 좋겠다. 마을교육과 관련된 분들이 이 책 속의 완주군 고산면의 이야기에 관심을 가져주면 좋겠다.

마지막으로 이 책을 농촌의 지역개발과 관련된 일을 하는 사람에게 권한다. 그동안 농촌을 활성화하려는 노력이 오랫동안 이어왔지만, 급속한 인구감소를 겪으면서 이루어지고 있는 주변의 일들에 걱정이 앞선다. 지금의 농촌에 '대응'이라는 이름이 붙은 몇 푼의 예산을 지원한다고 해서 인구가 늘어나고 새로운 산업을 발전시키고 일자리를 만들 수 있었다면, 그 일은 예전에도 가능했을 것이다. 농촌을 살리려면 주민들의 일상을 지켜주어야 한다. 특별한 누구가 아니더라도 삼시세끼 넉넉한 밥을 먹고 따뜻하게 잠을 자고 슬리퍼를 끌고 나가 읍내에서 반가운 친구들을 만날 수 있고 안전하게 아이들을 키울 수 있고 나이가 들어도 큰돈을 벌지 않더라도 할 일이 있는 그런 일상이 유지되어야 한다. 그래야만 번듯한 일자리가 아니더라도, '힙'한 창업 거리가 없더라도, 설사 그런 것에 기대 농촌에 왔더라도 그 일자리를 뺏기고 창업에 실패하더라도 농촌에서의 삶을 지속할 수 있다. 인구감소 지역에 어렵고 힘들게 살아가고 있는 어르신을 비롯한 취약계층의 삶과 일상부터 관심을 가져야 하는 이유이기도 하다. 교육을 중심으로 농촌의 일상을 지키려고 한 이 책의 이야기에 주목해 주면 좋겠다.

항상 글을 쓰고 책을 내는 일에 응원을 해주는 ㈜브랜드쿡의 강미숙대표님, 길게 묻지 않고 인터뷰에 응해주신 풀무농업고등기술학교 박현미 선생님, 은퇴하신 고산고등학교 장경덕 선생님, 완주군 고산면의 박현정 님께 감사드리며 두 번째로 책을 함께 내는 비공출판사 배용하대표님에게도 고마움을 전한다. 끝으로 만학도로 간호사를 꿈꾸고 있는 아내 조영란에게 응원을 보내며 이 책을 바친다.

2023년 12월. 임경수

공동체는
사회의 기반이다.
그곳은
우리가
의미, 목적, 소속감을
찾는 곳이다.

어둠의 터널에서 나온 아이

큰아이는 서울에서 태어났다. 아빠는 박사과정의 막 바지였고 엄마는 초보 영양사로 병원에 근무하는 탓에 출산휴가가 끝나고 어린이집에 아이를 맡겨야 했다. 집 근처의 비교적 저렴한 비용의 어린이집을 방문하고 맡 기기로 했는데 어머님이 가보자 하시더니 당신이 비용 을 낼 테니 우리 아이만 맡아 돌봐주는 베이비시터를 구 하라고 권유 아닌 명령을 하셨다. 그 당시 어머님은 돌아 가신 아버님을 대신해 식당을 이어 운영하고 계셨기 때 문에 경제적 여유가 있었고 박사과정에 다니느라 넉넉 지 않은 내 사정을 보아 하신 말씀이었다. 나는 그 명령 에 못 이기는 척 따랐다. 정보지를 보고 연락했는데 이웃 동네의 좋은 분을 만나게 되어 아이를 잘 돌봐주셨고 그

집의 고등학생 딸과 아빠까지 우리 아이를 엄청나게 귀여워 해주셨다.

박사학위를 받고 진로에 대해 이런저런 고민을 하던 중 홍성에 있는 풀무학교에서 '전공부'라는 대학 과정을 시작한다는 이야기를 들었다. 대학원의 은사님은 대학 교수는 제자를 가르치는 일, 연구하는 일, 사회에 봉사하는 일, 이 세 가지 일을 균형 있게 해야 한다고 말씀하셨다. 하지만 지방대학의 교수가 된 선배들의 생활은 은사님의 가르침과 적지 않게 달랐다. 학교의 행정 업무에 치이고 연구논문 실적을 채우느라 가르치는 일과 사회봉사는 뒷전이 되는 경우가 많았다. 풀무학교에선 이 세 가지 본분을 조화롭게 할 수 있을 것 같았다. 풀무학교를 찾아가 교장 선생님과 면담하니 흔쾌히 함께 일하자 하셨기에 집사람에게 물었다. '주말부부를 하는 것이 어떨까?' 집사람은 미리 생각이라도 한 듯, '아니 이사하자' 말했다. 어머님은 식당 운영을 정리할까 고민 중이었는데 건강을 생각해서 그만하시는 것이 좋겠다는 나의 말에 함께 내려가 아이라도 봐주겠다고 하셨다. 어머님이 낯선 곳에서 적응하실 수 있을지 걱정이었지만 흔쾌히 같이 내려가자는 집사람의 말에 기대 어머님과 집사람, 큰아이, 나 이렇게 넷이 홍성으로 이사를 했다. 우리 아이를 돌봐주던 모녀는 이별하는 날 자기 자식을 생이별 하듯 울고불고 난리가 났었다.

홍성에 이사하고 둘째를 낳았다. 홍성에는 아이를 잘 받는다는 조산소가 있었다. 큰아이를 자연분만으로 무난히 출산한 아내는 주변의 이야기를 들어보고 조산사를 만나보더니 이 조산소에서 둘째를 낳기로 했다. 출산이 임박해 네 식구가 함께 조산소에 갔다가 큰아이와 할머니는 집으로, 나와 집사람은 조산소에 남아야 했다. 나는 헤어지면서 큰아이의 눈을 보며 이야기했다.

"앞으로 며칠은 엄마랑 아빠랑 집에 못 갈 것 같아. 할머니랑 자야 해. 괜찮겠지? 그리고 며칠 지나면 동생을 낳아 같이 갈 거야."

제대로 말도 하지 못할 때인데 큰아이는 알아듣는 것 같았고 슬픈 듯 비장한 표정을 짓더니 고개를 끄덕였다. 어머니는 큰아이가 엄마를 찾지 않고 울지도 않고 잘 지냈다고 이야기하셨다. 어머니가 계셨으나 이 년 터울의 아이 둘을 함께 돌보기가 어려워 큰아이를 집 근처의 어린이집에 맡기기로 했다. 매일 아침 어린이집에 가기 위해 나서는 큰아이의 표정은 억울한 듯 포기한 듯했다. 며칠이 지나고 어린이집에서 한창 놀고 있을 시간에 둘째 갓난아이가 자고 있길래 집사람과 어린이집에 가봤다. 창문으로 슬쩍 보니 장난감을 가지고 잘 놀고 있는 아이가 보였다. 그런데 창문 너머의 엄마, 아빠 얼굴을 보자마자 '와우왕 ~' 하고 우는 게 아닌가. 어려서부터 감정을 잘 드러내지 않고 생떼 쓰는 일도 없는 그런 아이였다.

　　홍성, 춘천에서 어린 시절을 보내고 서천으로 이사해 초등학교에 입학했다. 읍내에서 어르신처럼 느릿느릿 자전거를 타고 학교에서 집으로 가는 뒷모습을 보곤 했다. 그 이후로도 안성, 완주로 이사를 하면서 초등학교만 세 군데를 다녔다. 그래서 지금도 연락하고 지내는 초등학교 친구는 거의 없다. 말없이 이사 다녔고 전학을 받아들였다. 말없이 많은 것을 받아들이던 그 아이가 중학생이 되자 이른바 어둠의 터널로 진입했다. 완주군 고산면으로 이사하면서 집을 얻을 때 방이 부족해 마당에 3×6m 컨테이너를 놓았는데 아이는 점점 말이 없어지고 동생들과도 잘 놀지 않더니 그 컨테이너에 처박혀 지냈다. 컴퓨터 게임을 끼고 사는 것 같았다. 그 모습에 엄마도 아빠도 대화를 시작할 때 고운 말이 나오질 않았다. 대화는 점점 없어지고 그럴수록 어둠의 컨테이너는 아이를 더 끌어당겼다. 성적표가 왔는데 수학 점수가 형편없어 '기본은 해야 할 것 아니냐?'라며 화를 냈다. 대답하지 않은 아이를 컨테이너가 빨아들였다.

  내가 마당에서 텃밭을 가꾸거나 강아지를 돌보면 집사람은 아빠를 도우라며 아이들을 마당으로 쫓아내곤 했다. 큰아이는 세상의 모든 것이 싫다는 표정으로 컨테이너에서 나왔다. 그 표정이 보기 싫어 '그냥 들어가 하고 싶은 거 해라'라고 한 적이 몇 번 있다. 도우러 나온 건지 놀려고 나온 건지 마냥 즐겁게 마당에서 동생들이 웃고 떠들어도 큰아이는 컨테이너에서 꼼짝하지 않았다. 그러던 어느 날 마당에서 개집을 고치고 있는데 내 옆에서 일을 거드는 척을 하면서 큰아이가 물었다.

"아빠는 내가 어떻게 공부하기를 원해?"
"대학을 꼭 가야 하는 건 아니지만 아빠는 네가 하고 싶은 일을 찾고 그걸 하면서 살았으면 좋겠다. 그 일을 위해서 대학이 필요하다고 생각했을 때 스스로 공부할 수 있는 기본실력 정도는 있었으면 좋겠다."
"그럼, 학원에 가볼래?"

고산면에는 도시에서도 흔히 볼 수 있는 'GOO'라는 간판을 단 학원이 하나 있다. 이 학원을 운영하는 이는 동네에 있는 교회의 장로이자 지역에서 훌륭한 일을 많이 한 농부의 아들과 그의 아내이다. 이 둘은 학원 선생님이기보다 아이들한테 삼촌이자 이모 역할을 한다. 그 학원에 간다고 하니 학원이나 선생님에 대한 걱정은 없었는데 친구들과 학원을 핑계 삼아 몰려다니며 노는 것은 아닐지 걱정되었다. 일단 아이와 두 선생님을 믿고 보냈다. 학교가 끝나면 학원에 꾸준히 가는 것 같았다. 두 달 정도 지난 어느 날, 저녁을 먹으며 큰아이가 이렇게 말했다. "아빠 이제 학원 다니지 않아도 될 것 같아. 공부를 어떻게 하는 건지 알 것 같아." 더 물어보지 않았다. 길었던 어둠의 터널, 끝이 보였다.

대전에 '공감만세'라는 공정여행을 하는 사회적기업이 있다. 사회적기업 관련 워크숍에서 강의를 하다가 그 회사의 직원을 만난 적이 있어 관심을 가지고 살펴보고 활동을 지켜봤었다. 공감만세의 일본 여행프로그램에 큰아이를 보내고 싶었다. 조심스럽게 아이에게 물어보았다. 이런저런 프로그램인데 방학 중에 가면 좋겠다고 했더니 예상하지 못한 답이 돌아왔다. "아빠가 하라면 뭐든지 할게." 어둠의 터널이 끝나는 순간이었다. 일본 여행을 함께 다녀온 공감만세의 선생님이 메일을 보냈다. "아버님, 아드님이 함께 간 나이 어린 참가자들을 잘 챙겨주어서 제가 아주 편하게 여행을 마칠 수 있었습니다." 중학교 3학년이 되자 큰아이는 아빠가 쓴 책에서 봤다며 홍성의 풀무학교에 가고 싶다고 했다. 아이와 이야기를 나누었다.

"아빠가 풀무학교에서 일했지만, 그렇다고 해서 경쟁률을 높은 풀무학교 입학에 도움이 되지는 않을 것이다. 네가 스스로 결정한 것이니 입학 준비도 알아서 해야 한다. 풀무학교에 입학하지 못하면 동네에 있는 고산고등학교에 다니자. 풀무학교의 학교 설명회가 곧 있으니 엄마랑 아빠랑 함께 다녀와 최종적으로 결정하자."

어둠의 터널을 뚫고 나온 아이는 그렇게 풀무학교에 갔다.

'하고 싶은 것이 있어'라는 말

나는 큰아이의 고등학교 진학에 풀무학교를 선택지로 놓고 있지 않았다. 풀무학교는 좋은 학교이지만 모든 학생이 기숙사에서 생활하기 때문에 방학을 제외하고 아이와 떨어져 지내야 한다. 그래서 풀무학교의 교사는 선생님의 역할뿐 아니라 아이의 병치레를 살피고 학교 안팎의 사건, 사고에 대응해야 하는 부모의 역할을 마다하지 않고 맡는다. 그러다 보니 부모의 역할은 작아진다. 극단적인 사례이지만 고등학교 3년 동안 가치관이 달라진 아이와 부모가 졸업 후에 서로를 힘들어진 경우가 있었다는 이야기를 듣기도 했었다. 바쁜 아빠이지만 아빠의 역할을 하고 싶었다.

1순위는 집과 가까운 고산고등학교였다. 시골 학교

이고 학생 수가 많지 않아 재미있게 다닐 수 있을 것이고 굳이 서울에 있는 명문대학이 목표가 아니라면 지역에 있는 국립대 정도는 본인이 노력하면 갈 수 있지 않을까 생각했다. 마침 고산면의 일부 학부모들이 '동네학교보내기운동'을 시작했고 고산고등학교의 운영위원회, 학부모회 등이 활성화되고 있어 이러한 흐름에 동참하고 싶기도 했다. 하지만 아이들 사이에서 초등학교, 중학교 시절에 만들어진 좋지 않은 선후배 관계가 계속 이어진다는 불만이 있어 큰아이가 심하게 싫다고 하면 먼 거리를 통학해야 하지만, 전주의 고등학교에 보낼 계획이었다.

아이가 원하니 풀무학교에 도전해보기로 했다. 집사람은 학교설명회를 다녀오더니 내가 풀무학교 교사일 때는 어떤 학교인지 잘 몰랐는데, 자기가 다시 고등학생이 되어서 다니고 싶다며 학교의 거의 모든 것에 감동했고 큰아이의 입학에 적극적으로 나섰다. 따로 입학시험을 보지 않지만, 학생은 학교생활과 진로와 관련해 글쓰기와 면접을 해야 하고 부모도 따로 면접을 봐야 하는데 풀무학교의 입학기준은 아무도 모른다는 이야기가 있다. 떨어질 것 같은 아이가 붙기도 하고 위의 형제를 모두 입학시킨 부모의 막내가 떨어지기도 한다. 큰아이는 다행스럽게 높은 경쟁률에도 불구하고 입학할 수 있었다. 아이보다 학교를 더 좋아하게 된 집사람은 3년 내내 학교 행사에도 적극적으로 참여하고 학부모 모임에도 꼬박꼬박 나갔다. 그리고 2주에 한 번씩 집에 오는 아이를 위해 학교와 집 사이의 먼 거리 운전을 마다하지 않았다. 그렇게 작은 역할이지만 해야 하는 부모의 역할을 엄마가 독점해버렸다.

아이는 의외로 잘 적응했다. 선배들과 함께 생활해야 하는 기숙사, 생소했을 것 같은 종교활동, 특히 3년 내내 가질 수 없는 디지털 기기 등에 불만을 갖지 않고 받아들였다. 2학년 여름방학에 아이를 데리러 학교에 갔다. 집으로 오는 길에 이런저런 이야기를 나누는데 큰아이가 다음 학기에 반장을 맡았다 한다. 중학교 시절에 남들 앞에 나서거나 무언가에 앞장선 것을 본 적이 없어 의아하기도 하고 대견하기도 했다. 하지만 2학년 2학기에는 '풀무제'라는 축제가 있고 2학년 반장이 주도해야 해서 걱정이 앞섰다. '힘들게 풀무제를 하는 학기에 반장을 하니'라고 물었더니 아이가 이렇게 답한다. '아빠 그래서 하는 거야. 반장을 하면 동기나 후배들이 재밌게 축제를 준비할 수 있게 만들 수 있잖아' 풀무학교에 와서 아이가 변한 건지, 내가 아이를 잘 몰랐던 건지 알 수 없었지만, 이 아이한테 풀무학교가 도움이 되는 것은 분명했다.

한 학기를 지내고 겨울방학에 집에 온 아이와 저녁을 먹으며 물어봤다. "대학 갈 거니?" 풀무학교에 입학할 때 대학입시는 생각하지 말자고 했었다. 학교 다니는 동안 풀무학교의 3년에 충실하고 대학에 간다면 재수하는 것이 좋겠다는 뜻이었다. 내가 그렇게 이야기해놓고 아무 생각 없이 대학 진학을 물어본 것이었다. 큰아이는 한 3초쯤 뜸을 들이더니 이렇게 말했다.

'아빠, 디자인 공부를 하고 싶어요.'

나는 한참 얼음이 되었다. '대학 갈 거니?'라고 묻는 게 아니라, '무슨 일을 하고 싶니?'라고 물어봤어야 했다. 아빠의 개떡 같은 질문에 찰떡같은 답을 한 거였다.

아이는 어려서부터 로봇과 같은 것을 꼼꼼히 그리는 것을 좋아했다. 그런 아이를 보면서 건축디자인 같은 일을 하면 좋겠다고 생각한 적이 있었다. 풀무학교에는 목공 수업이 있다. 목공 교사는 학교 인근에서 목공소를 운영하는 마을주민이다. 목공 수업을 해보니 관심이 생긴 우리 아이는 학교가 끝나면 목공소를 찾아가 청소도 하고 장비를 정리하면서 일을 도왔다 한다. 가끔 선생님이 자투리 목재를 주면 무언가 만들어 보기도 했나 보다. 졸업하면서 기숙사의 짐을 빼는데 사주지 않은 가구가 있었다. 기숙사 책상 크기에 딱 맞추어서 만든 서랍장이었다. 낮은 높이의 서랍이 여러 가지 잡동사니를 효과적으로 정리할 수 있어 보였다. 큰아이는 마을목공소에서 무언가 만들어내는 것이 재미있고 할만하다는 생각을 했고 그런 일을 더 잘하기 위해 디자인 공부를 하고 싶다고 생각한 것이었다. 풀무학교 덕분이었다.

풀무학교의 정식이름은 풀무농업고등기술학교이다. 고등기술학교는 고등학교 교육과 직업훈련을 병행하고자 하는 청소년을 대상으로 운영하는 학교를 말한다. 이·미용, 요리, 공작기계 등의 기술인력을 양성하기 위해 만든 학교인데 어려웠던 시절에 활용되었지만, 지금은 대부분 없어졌다. 풀무학교의 설립자는 개교 당시 고등기술학교라는 제도가 작은 학교를 만들 수 있어서 선택했다고 한다. 한 학년 25명, 총정원 75명이 이 학교의 정원이다. 풀무학교는 생활교육을 중시하고 하나님과 이웃, 지역과 세계, 자연과 모든 생명과 함께하는 '더불어 사는 평민'을 교육목표로 하고 있다. 그렇기에 작은 학교가 전제 조건이었던 셈이다. 1958년 설립 이후로 지역과 함께 성장하는 학교, 학교와 함께 성장하는 지역이라는 설립자의 이념을 실천해 지역 내에 신협, 생협, 어린

이집, 지역신문사 등을 설립하는 모태의 역할을 했다. 농업을 중심으로 하는 교과과정을 가지고 있지만 이러한 교육이념과 목표를 추구하다 보니 제도권 학교와 다른 교과과정과 교육환경을 가지게 되어 대안학교의 맏형이 되었다.

대학입시에서 풀무학교는 특성화 학교로 분류한다. 그러니 우리 아이는 농업고등학교를 졸업하고 미대에 진학해야 하는 셈이 되었다. 앞이 보이지 않았다. 미술 분야 더구나 미대 입시에 대해 아는 바도 없었고 도움을 받을 가까운 지인도 없었다. 여하튼 풀무학교에 있는 동안 미술학원에 다니거나 하는 준비할 수 없었기에 3학년 겨울방학에 집에 오면 시작해야 했다. 혹시라도 내신 성적을 중요할 수도 있어 어느 정도의 성적을 유지하는 것 정도가 큰아이가 학교에서 할 수 있는 일의 전부였다. 여기저기 지인을 수소문해 상담해보니 대부분 부정적이었다. 심지어 다른 학과나 전공을 생각하는 것이 나을 것 같다고도 했고 다른 학과로 진학한 후에 복수전공이

나 편입을 제안하는 사람이 고마울 정도였다. 일 년이 남아 있기에 차차 고민하기로 했지만, 해답을 찾지 못하고 시간은 흘러갔다. 그해 수능시험을 앞두고 포항에 지진이 일어났고 수능시험이 연기되었다. 풀무학교는 수능시험을 본 후 3학년은 체험학습을 하기로 했는데 시험이 연기되었으나 그 체험학습을 그대로 진행했다. 수능시험을 불과 며칠 앞두고 고3 입시생들이 체험학습을 하는 것이었다. 역시 풀무학교다웠다. 재수하기로 했지만, 실력을 검증해보고 싶었던 아이는 그 체험학습이 부담스러웠다. 전화통화를 하면서 약간 화가 나 있었는데 재수하기로 한 것이고 이번 수능은 중요하지 않다고 다독였다. 그래도 담임선생님이 체험학습일에 우리 아이는 교실에 남아 공부할 수 있게 해주었다 한다. 큰아이는 그때의 수능성적을 말하지 않았고 어느 대학에도 입학원서를 내지 않았다.

졸업식을 앞둔 어느 날 아이는 양복을 사달라 말했다. 내가 어렸을 때, 대학에 들어가면 양복을 하나 맞추고 뻣뻣한 구두도 하나 사곤 했다. 그때 생각이 났다. 아이는 졸업식에 입고 갈 거란다. 사뭇 진지하게 이야기를 한 데에다가 나중에라도 필요할 터이고 재수해야 하는 아이에게 그나마 위로가 되지 않을까 생각했다. 쇼핑몰에 가 비싸지도 않고 싸지도 않은 양복을 한 벌 샀다. 청색 싱글 슈트. 졸업식에 가보니 그런 옷을 입고 옷 사람은 학생, 학부모 중에 우리 아이 혼자였다. 아이의 학교생활 때문이었는지, 그런 옷을 입고 졸업식에 와서 그랬는지 큰아이가 졸업장을 받을 때 친구들과 후배들의 환호를 받았다. 아이 엄마는 졸업식 전날, 학부모들과 연습한 댄스 동작이 섞인 합창으로 축하공연을 했다. 큰아이는 그 청색 슈트를 입고 친구들과 사진을 찍었다. 이제 본인도 아빠도 낯선 미대 입시라는 길을 가야 하는 시간이 기다리고 있었다. 그 일 년 동안 청색 슈트도 얌전히 주인을 기다려야 했다.

소중했던 일 년의 시간, 재수

아이가 책을 하나 보여주었다. 미대 입시를 전문으로 하는 학원의 원장이 일 년 전에 쓴 책이었다. 바뀌는 트랜드에 맞추어 입시 준비에 관한 책을 매년 내고 있었다. 최신판을 샀다. 미대 입시가 그림을 그리는 능력을 평가하는 것이 아니라 창의력을 판단하는 방식으로 변하고 있었고 학교마다 입학전형이 많이 다르다는 것을 알게 되었다. 예를 들어 유명한 사립대학의 미대는 실기시험을 아예 없애고 작문형 포트폴리오인 미술활동보고서로 대체했다. 그 대학에 진학하려면 실기시험을 준비하는 것이 아니라 미술활동보고서를 잘 써야 한다. 이렇게 대학마다 입학전형이 달라 도전할 대학을 미리 정해야 준비를 할 수 있다. 앞으로 볼 수능시험의 성적을 가늠하기

어렵고 객관적인 실기 능력도 판단하기 어려워 어느 대
학을 목표로 해야 할지 막막했다.

　건너 건너 소개받은 미술 입시계에서 일하는 한 지인
이 미술학원에 보내보라고 조언해주었다. 꼭 미대에 가
겠다면 대부분 대학이 실기시험을 보니 도움이 될 것이
고 학원에 다니다가 어려우면 스스로 포기하지 않겠느
냐는 것이었다. 그 지인이 전주에 괜찮다고 추천한 전주
의 한 학원을 찾아갔다. 농고를 나왔고 미대에 가려고 한
다니 젊은 원장은 난감한 표정이었다. 아무런 준비를 하
지 않다가 재수하면서 미대에 가겠다고 하면 어떻게 하
냐는 투였다. 원장의 반응을 보면서 울화가 치고 올라왔
다. 미술을 하는 아이는 중학교 때부터 정해지나 보다.

　그래도 원장은 아이의 가방에 매달린 작은 인형과 소
품을 들먹이며 미적 감각이 있고 소질이 있어 보이니 힘
들지만 한번 해보자 한다. 실제로 우리 아이에게 소질이
있었던 것인지, 냉탕과 온탕을 오가게 하면서 학원등록
을 유도한 것인지 알 수 없었다. 하지만 중요하지 않았

다. 어차피 다닐 거였으니까. 보통 다른 입시생들은 학교나 수능학원이 끝난 저녁에 오지만 우리 아이는 빨리 실력을 올려야 하니 오후 2시에 나와 저녁 9시까지 연습하자고 제안한다. 한 달 수강료는 내 월급의 50% 가까이 되었다. 내가 '헉'하니 원장은 서울에서는 두 배는 될 거라며 나를 설득했다. 근처 화방에서 필요한 도구를 사는 데에도 꽤 많은 돈이 들었다.

한 달을 학원에 다닌 아이는 그만두겠다고 이야기했다. 입시를 대비한 그림 그리기가 재미없다는 것이고 그 재미없는 그림을 그리며 준비해도 다른 친구들보다 잘할 수 있을 것 같지 않다는 것이었다. 풀무학교의 내신성적이 좋은 편은 아니어서 수시지원은 포기했으니 남은 방법으로 수능뿐이었다. 수능에 집중해 실기시험이 없는 미대에 도전하겠다고 한다. 그 학교는 수준이 높고 경쟁도 심해 걱정스러운 얼굴을 하는 나에게 꼭 디자인 전공만 고집하지도 않겠단다. 수능성적에 맞추어 다른 학과라도 진학하겠다는 것이다. 달리 방법도 없고 아이의 뜻을 받아들였다. 그렇게 그때 샀던 미술도구들은 한 달간의 쓰임을 당한 후 지금도 집안 창고의 한쪽을 차지하고 있다.

아이 혼자의 싸움이 시작되었다. 인터넷 입시강좌를 신청하고 엄마, 아빠는 직장에 가고 동생들은 학교에 간 적막한 시골집에서 공부를 시작했다. 종종 저녁엔 중학생인 막내에게 수학 문제를 내고 설명하는 놀이를 했다. 막내는 이해하는 건지, 이해하는 척하는 건지 그래도 질문을 해가며 형의 휴식을 도와주었다. 가끔 공부방에서 들리는 인터넷 강의의 음성이 이상해 물어보니 속도를 1.2배, 1.5배로 올려 시청하는 거라 한다. 공부를 잘하고 있느냐 물어보지 않았고 진도를 점검하지도 않았지만 공부하고 있는 것은 분명했다. 한여름에는 시골집이 너무 더워 엄마, 아빠와 함께 출퇴근하며 전주의 독서실에 다녔다. 그 비싼 미술학원도 다닐 판이었는데 독서실 비용 정도야.

농촌에 살면서 읍면 지역의 중고등학교를 졸업하면

그러한 학생들만 일정 비율 따로 모집해 선발하는 특별 전형이라는 응시 기회가 주어진다. 학과별로 배정된 인원이 많지 않아 성적이 좋은 수험생이 몰리면 오히려 더 가능성이 없을 수도 있다. 그런데 이 전형기준도 대학마다 제각각이었다. 이걸 활용하는 것이 좋은지, 아닌지도 모르겠고 실기를 보지 않는 미대의 미술활동보고서와 자기소개서를 어떻게 써야 하는지도 알 수 없었다. 이런 일에 도움을 주는 곳이 있지 않을까 싶어 인터넷 검색을 해보니 컨컬설턴트가 있었다. 나는 농촌컨설턴트인데 입시에도 컨설턴트가 있었다.

그를 찾아가니 일반전형, 특별전형에 따라 디자인 전공과 다른 전공을 구별해 추천해주고 입학 가능성에 대해 의견을 정리해주었다. 그런데 추천한 학교 중에 특이한 학교가 있었다. 이름부터 디자인과 기술을 융합한다는 것이 명확했는데 그래서인지 실기전형이 없었다. 아이의 모의고사 실력으로 미루어 안정권은 아니었지만 도전해볼 만했다. 그 학교와 실기시험이 없는 미대, 그리고 그 미대가 있는 대학의 경영학과를 편입이나 복수전공을 고려해 준비하기로 했다. 가장 까다로운 것은 미술활동보고서였다. 고등학교 시절 미술 교과에서의 활동 내용과 생각, 향후 활동하고 싶은 미술 분야와 전공에 관한 생각 등을 기술해야 한다. 이미지를 포함하지 않고 글로만 쓰기 때문에 관련 대회에서 수상 경력이 하나도 없는 우리 아이의 능력을 미술활동보고서로 객관적으로 평가받는 건 어려워 보였다. 아이가 쓴 초안에 컨설턴트가 의견을 주고 한 달 다닌 학원 원장도 의견을 보태주었지만 나는 거의 가능성이 없다고 생각했다.

입학서류를 보냈다. 내색은 하지 않았지만, 아이도 초조한 듯 보였다. 그건 나도 마찬가지였다. 이번에 대학에 진학하지 못하면 군대 문제도 있어 복잡해질 것이라 재수에서 끝내야 했다. 가기 싫은 대학에서 원하지 않는 공부를 하게 되지 않을까. 그걸 받아들여야 하는 아이의 마음은 어떨까. 이런저런 상상을 하다가 나쁜 상상은 하지 않기로 했다. 시간이 지나고 대학마다 입시 결과를 발표하기 시작했다. 예상대로 실기시험이 없는 미대와 그 대학의 경영학과도 불합격이었다. 퇴근해서 아이 얼굴을 제대로 볼 수 없었다. 그날 밤은 컴퓨터 게임도 하지 않고 일찍 드러눕는 듯했다. 마지막 남은 융합전공의 대학. 역시 낙방이었다. 컨설턴트에게 전화를 걸었다. 따지려고 한 것은 아니었다. 아이의 입시 결과를 알려주었다. '다 떨어졌네요' 컨설턴트는 융합전공의 대학에서 추가합격 몇 순위인지를 물었다. '3번이요' 바로 들려오는 그의 목소리.

"축하합니다. 그 대학은 추가합격으로 한 바퀴도 돌아요. 3번이면 충분히 합격입니다. 합격!!"

아이는 지금 그 학교에 잘 다니고 있다. 대입 성공기로 이 글을 끝내려는 건 아니다. 아이가 기숙사 생활을 했기에 그 시절 무엇을 했는지, 무슨 생각을 했는지 방학 때 몇 주간 같이 지내는 것으로 잘 알지 못했다. 입시에는 소용없었지만, 미술활동보고서와 자기소개서를 보면서 아이의 그 시간을 함께할 수 있었다. 볏짚을 모아 비닐에 싸서 쌓아두는 이른바 곤포 사일리지로 시골 마을에 설치 미술품을 만들고 동네에 있는 가공공장에서 만든 요구르트의 폐플라스틱병을 모아 무드 등을 만들었다는 것을 알 수 있었다. 학교 축제에서 '먹거리'를 주제로 전시를 기획하고 졸업논문의 주제는 '메이커 운동'이었다. 이놈은 앞으로 그런저런 비슷비슷한 일을 하겠구나. 그래서 디자인을 공부하고 싶었구나. 스스로 하고 싶은 일을 찾은 것에 감사했다. 입시공화국 대한민국에서 예체능 분야의 대학진학은 최대한 어릴 때 결정해야 한다. 그 나이에 어떻게 하고 싶은 일을 알 수 있다는 걸까, 부모들은 그걸 아는 예지력이라도 있단 말인가. 우리 아이처럼 뒤늦게 자기 적성을 찾아내고 진학하기는 매우 어려운 일이었다. 디자인 공부를 하고 싶다는 아이의 절실함이 그 길을 찾게 해주었는지 모를 일이다. 어떻든 감사한 일이었다.

반백 년을 살면서 나 또한 좋아하는 일을, 절실하게 하고 싶은 일을 찾지 못했었다. 삼겹살을 구우며 조금씩 해본 요리가 재미있어 조금씩 공부를 시작했던 나는 재수하면서 집에 있는 아이에게 요리 연습 겸 집밥을 실컷 해주었다. 두 번째로 감사한 일이었다. 그렇게 함께 지낸 일 년은 3년간 떨어져 지낸 아이와 내가 서로를 이해하는 시간이었다. 그래서 이제는 대학생이 된 아이와 허름한 식당에서 소주잔을 기울이는 술친구가 될 수 있었다. 그래서 그 일 년은 소중했다.

따돌림으로 사춘기를 겪지 않은 아이

딸은 홍성에서 태어나 영유아기를 춘천과 서천에서 보냈다. 춘천집은 골목을 사이에 두고 아래, 윗집이 대문을 열어놓고 이웃 간에 제집처럼 오가는 그런 동네에 있었다. 식사 때에 창문을 열고 아이들 이름을 부르면 옆집 엄마가 '애들 우리 집에서 밥 먹고 있어요'라는 대답이 돌아오는 식이었다. 서천에 살 때는 집과 붙어있는 서천도서관에서 독서습관에 관한 전문가의 강의를 들은 집사람이 시리즈로 된 아동도서를 사들여 방을 채웠고 도서관을 드나들며 다독 가족상을 받기도 했다. 어린 시절, 골목길이나 시골 읍내의 좋은 기억이 특별하게 남아 있지 않을까 하면서 잦은 이사에 대한 미안함을 위안 삼았는데 아이들은 춘천과 서천의 기억을 거의 하지 못했다.

무의식 속에서라도 좋은 영향을 미치지 않았을까.

딸 아이는 안성으로 이사해 초등학교에 들어갔다. 안성집은 시내와 조금 떨어진 마을이었는데 초등학교는 시내에 있었다. 그래서인지 한 학년의 학생 수가 적지 않게 많았다. 1학년을 마치고 완주군 구이면으로 이사해 시골의 작은 학교로 전학했는데 안성의 학교와 달리 학생 수가 너무 작아 딸은 신기하게 생각했다.

내가 완주커뮤니티비즈니스센터에서 일하면서 완주군 구이면에서 고산면으로 또 이사하는 바람에 딸 아이는 세 번째로 전학했다. 고산에 산다고 하니 삼기초등학교에 아이들을 보냈느냐 하는 이야기를 많이 들었다. 고산면에는 혁신학교로 유명한 삼기초등학교가 있지만, 집이 그 학교의 학구가 아니어서 면 소재지에 있는 고산초등학교를 보냈다. 고산초등학교도 여느 시골 초등학교와 같이 학생 수가 적었고 혁신학교는 아니지만 방과후 프로그램으로 가야금도 배우면서 몇 되지 않는 친구들과 학교를 잘 다녔다.

오래전 고산면 외곽에 있는 두 개의 초등학교를 고산초등학교로 통폐합하려는 시도가 있었다고 한다. 폐교를 반대했던 학부모들이 모여 한 학교만 폐교하고 나머지 학교에 통합하는 중재안을 교육청에 냈고 그 학교가 혁신학교가 되었는데 바로 삼기초등학교이다. 아이들 교육에 관심이 많고 시골학교에 아이를 보내고 싶은 부모들이 멀리서도 이주해 자녀들을 입학시켰고 초대 교장 선생님의 열정이 더해져 우리나라 혁신학교의 모델이 되었다. 이 학교의 부모들이 어느 날 동네 중학교 보내기 운동을 시작했다. 삼기초등학교와 고산초등학교 학생의 반 이상이 전주의 중학교에 진학하고 있었다. 삼기초등학교를 좋은 학교로 만든 경험을 살려 고산중학교도 좋은 학교로 만들고자 한 것이었다. 이러한 학부모의 노력으로 지금은 두 초등학교의 졸업생의 80~90%가 고산중학교에 진학한다. 매년 1개 반을 구성할 수 있을지, 2개 반을 구성할 수 있을지 고민하던 고산중학교는 이후 안정적으로 두 개 반을 운영하게 되었다.

고산중학교로 진학한 딸은 삼기초등학교에서 온 아이들이 있어 친구가 많아졌다. 그래서인지 중학교 생활은 조금 더 활발해졌다. 중학교 방과후 프로그램에 가야금반이 없어 조금 아쉬울 뿐이었다. 그러던 어느 날이었다. 퇴근했더니 아이 엄마가 심각한 얼굴로 딸 아이와 이야기를 해보라 한다. 자신은 화부터 나서 딸과 객관적으로 이야기를 할 수 없다는 것이었다. 별일이 아니겠지 생각했는데 딸은 학교에서 집단 따돌림을 당하고 있었다. 시골 학교에서 왕따라니. 학교에 가면 친구들이 말을 걸지 않고 밥도 같이 먹지 않으며 없는 사람 취급을 하고 있었다. 그런 분위기를 견딜 수 없어 점심시간에 식당에 가지 않고 화장실에서 울었다고 한다.

　　누구의 잘못인지, 왜 이런 일이 일어났는지, 학교는 이런 상황을 알고 있는지는 궁금했지만, 묻지 않았다. 아이의 상태를 먼저 챙겨야 했다. 친구들이 따돌림을 하는 특별한 이유가 있는 것 같지는 않았다. 딸은 당장 학교에 가지 않는 것을 원했다. 상황이 얼추 판단되어 이렇게 이야기했다.

"고산중학교를 다니기 싫으면 가지 않아도 된다. 초등학교 시절 전학했듯이 얼마든지 다른 학교로 전학할 수 있다. 가깝게는 전주의 중학교에 갈 수 있고 서울에 외갓집이 있으니 서울에 있는 중학교로 가도 된다. 엄마, 아빠가 부담이 있지만, 외국 유학도 생각해볼 수 있다. 엄마 친척이 있으니까. 그리고 검정고시를 봐도 된다."

딸이 검정고시가 무엇인지 물었다. "학교에 다니지 않고 중학교 졸업 자격을 얻을 수 있는 시험이고 바로 고등학교에 진학할 수 있으며 6개월에서 일 년 정도 공부하면 통과할 수 있을 거다. 만약 시험에 붙는다면 고등학교에 가기 전까지 하고 싶은 거 마음대로 하게 해주겠다." 했더니 딸의 눈이 반짝였다.

"아빠, 나 그거 하고 싶어요."

중학교에는 자퇴가 없다. 의무교육이기 때문이다. 석 달 이상 무단결석을 하면 정원외 관리 학생이 되고 검정고시를 볼 수 있는 자격이 생긴다. 검정고시는 일 년에 두 번 볼 수 있는데 한번은 봄, 한번은 여름이다. 겨울방학을 앞두고 있었으므로 무단결석 기간을 채우고 나도 봄에 시험을 볼 수 없었다. 중학교 자퇴생의 아빠가 되기 위해 이런 사항을 알아본 후 딸 아이를 설득했다.

"검정고시를 보는 것은 좋은데 무단결석을 해야 하는 시간과 시험 일정이 맞지 않아 어떻든, 여름에 시험을 봐야 하고 중간에 후회할 수 있으니 겨울방학까지는 학교에 다니다가 방학에 검정고시 학원에 가보자. 할만하다고 생각되면 내년 3월, 1학기부터 무단결석을 시작하는 것이 좋겠다."

딸이 끄덕였다.

"그런데 네가 따돌림으로 학교를 그만두는 것이 너한테도 좋지 않고 지역에서 일하는 아빠에게도 좋지 않으니 겨울방학까지 따돌림을 극복하고 친구들과의 관계를 복원하면 검정고시 학원을 보내줄게."

이 이야기를 들은 아이는 친구 관계가 복원된 것을 어떻게 증명하느냐 물었다.

"글쎄, 동네 치킨집에 친구들을 모을 수 있으면 복원한 게 아닐까. 그때 아빠가 치킨을 사줄게."

아이가 끄덕였다.

한 달 정도 지난 후 저녁을 먹고 아이가 나를 찾았다. 이런 대화가 오고 갔다.

"아빠, 친구 관계를 복원했어."

"그랬구나, 언제 시간 잡고 치킨집에 모이면 아빠가 돈을 내러 갈게."

"아빠 나 믿지? 치킨집에서 확인하지 않아도 돼. 친구들 모두 돌아왔어."

친구 중에 누구누구와의 관계가 복원되었는지, 어떻게 그렇게 했는지 물어보지 않았다.

"아빠, 방학에 검정고시 학원 가도 되는 거지."
"음..., 그래 다녀보자."

전주의 검정고시 학원에 가려면 엄마의 출근길에 같이 나가야 해서 추운 겨울, 새벽 6시엔 일어나야 했고 학원에 도착해도 문을 열지 않아 30~40분을 겨울바람을 맞으며 기다려야 했다. 학원이 끝나면 엄마의 퇴근 시간을 기다릴 수 없어 운행시간이 들쑥날쑥한 시골버스를 타고 집으로 왔다. 딸은 3주간 하루도 빼먹지 않고 검정고시 학원에 다녔다. 한 달이 되려면 일주일이 남았는데 할 말이 있다고 아빠를 찾았다.

"아빠, 학원 안 다닐래. 학원 공부는 시험만 대비하는 거라 재미없어. 그리고 학원에 있는 할머니들과 오빠들이 학교에 가래."

고입 검정고시 학원이어서 만학도 할머니와 공부할 때를 놓친, 몸에 문신도 있는 청년들이 있었던 모양이다. 할머니들은 아침마다 무언가를 싸 가지고 와서 딸에게 먹으라 나누어주며 학교가 제일 좋다고 다시 가라고 했고 청년들도 틈만 나면 학교 다닐 때 좋을 때라 이야기하더란다. 딸은 새 학기에도 학교를 계속 다니겠다고 한다. 얼굴도 모르는 할머니들과 문신 청년들이 고마웠다.

딸에게 숙제를 냈다. 전주 중학교 전학, 서울 중학교 전학, 외국 유학, 고산중학교로의 복귀 4가지에 대해 장단점과 엄마, 아빠의 부담을 비교해서 정리해보라 했다. 딸은 다음 날 큰 달력 종이 뒷장에 4×3 매트릭스를 만들어왔다. 나는 자세히 보지 않고 딸에게 그 종이를 돌려주며 물었다. '그래 학교에 다시 가는 것이 여러모로 맞는 거지?' 딸은 고개를 끄덕였다. 딸 아이는 그렇게 사춘기를 집단 따돌림에 묻었다. 오빠처럼 어둠의 터널을 통과하지 않았고 엄마, 아빠에게 반항하는 시간도 없었다. 그다지 공부를 열심히 하지는 않았지만, 꼬박꼬박 학교에 갔고 따돌림을 당했던 그 시골 중학교를 졸업했다. 그리고 따돌림을 했지만, 더 친해진 친구들과 함께 고산고등학교에 진학했다.

폐교되지 않은 학교의 마지막 학생회장

딸 아이가 고등학교 1학년을 마칠 즈음 고산향교육공동체 활동을 하는 학부모가 만나자 연락을 했다. 전주에서 시민운동을 하다가 삼기초등학교에 아이들을 보내면서 고산으로 귀촌한 엄마였다. 고산향교육공동체는 2012년 고산면 장기발전계획을 수립하는 과정에서 구성된 교육분과가 고산향교육포럼을 운영하면서 만들어진 학부모 모임이다. 삼기초등학교의 혁신학교 전환과정에 노력한 목사님이 이 모임의 초대 회장이고 연락을 한 학부모가 사무국장이었다. 만나자는 용건은 이 모임의 회장을 맡아달라는 것이었는데 이전 모임에서 내가 추천되었다고 한다. 완주커뮤니티비즈니스센터에서 일하는 동안 관심이 있는 일이라도 사적 자격으로 모임에 나가는 것을 자제했었다. 마을교육공동체 활동이 전국적으로 시작되어 관심도 있었고 딸과 막내가 지역의 고등학교, 중학교에 다니고 있으니 학부모로 지역사회에 봉사할 기회이기도 했다.

고산향교육공동체는 고산면의 각급 학교의 교사, 학부모, 지역단체가 모여 청소년 교육에 대해 논의하고 협의하는 비영리민간단체이다. 매년 200~300만 원 정도의 예산으로 몇 가지 행사와 정기적인 회의, 학부모와 교사 연수 등을 진행한다. 봄에는 모내기와 다양한 체험 활동을 하는 단오제를 열고 늦여름에는 고산 휴양림에서 학부모, 학생, 교사가 모여 1박 2일 교류행사를 하는 시글시글와글와글캠프를 운영한다. 학교나 지역에서 아이들과 관련한 일이 생기면 이에 대응하기도 한다. 예를 들어 하루에 두 번 버스가 들어오는 시골마을에 사는 중학생이 새벽 버스를 타면 너무 일찍 등교하게 되는 경우 초등학교 통학버스를 이용할 수 있도록 초등학교의 협조를 구하는 식이다.

고산향교육공동체의 가장 큰 성과는 고산고등학교를 대안학교로 전환한 것이었다. 전북 교육감은 전북의 농촌 고등학교 중 하나를 공립형 대안학교로 전환하고자 했다. 점점 학생 수가 줄어들고 있는 농촌 고등학교의 대안적 모델을 만들기 위해서였다. 하지만 전환할 고등학교가 마땅치 않다는 이야기를 들은 이 모임의 학부모들이 교육감과 면담을 하고 고산고등학교를 대상학교가 되도록 했다. 이에 따라 딸이 졸업한 다음 해부터 대안학교로의 전환이 예정되어 있었고 이 전환과정을 책임질 공모형 교장이 새로 부임한 상태였다.

딸의 2학년 1학기가 시작되고 어느 날 집사람이 고산고등학교 학부모회장이 되었다고 말한다. 집사람은 이런 일에 적극적이지 않은데 학부모 회의에 나갔다가 얼떨결에 그렇게 되었단다. 집사람을 추천한 사람은 나에게 고산향교육공동체 회장을 맡아달라고 이야기한 그 학부모였다고 하니 그 학부모가 무언가 큰 그림을 그리지 않았나 싶다. 회장을 하겠다고 적극적으로 나서는 사람이 없는 상태에서 그래도 권하면 할 만한 사람이 자기였던 것 같다는 것이 집사람의 이야기였다. 그래서 부부가 동네에서 회장 자리를 두 개나 차지하게 되었다.

내가 고산향교육공동체의 회장으로 가장 먼저 한 일은 각 학교의 학부모회장, 교육 관련 활동가가 매주 만나는 날을 만든 것이었다. 요일을 하나 정하고 단체대화방을 만든 후 그 날 최소 두 명만 동의하면 모임을 여는 방식이었다. 거의 매주 모임이 열렸다. 집사람과 내가 동의하면 최소 정족수가 되니까. 예산과 행사를 중심으로 운영하던 모임은 일상을 공유하는 모임이 되어 학부모들이 서로 친해졌고 아이들과 관련한 다양한 이야기들이 사안에 따라 가볍게 혹은 무겁게 이야기되었다.

시글시글와글와글캠프에 이웃 동네 가천초등학교의 학부모들이 아이들과 함께 참여할 수 없느냐고 문의를 해왔다. 경천면에 유일한 학교이니 이런 행사를 하고 싶어도 하지 못해 옆 동네 행사가 부러웠던 모양이다. 이야기를 나누어보니 고산향교육동동체를 지원한 예산인데 경천면 아이들이 혜택을 받으니 안된다, 고산이나 경천이나 다 동네, 같은 아이들이고 중학교에서 다 만날 아이들이니 허락하자, 행정이 반대할 거다, 예산을 지원하는 면사무소에 문의를 해보자 등등 맥주모임에서 의견이 분분했다. 정리를 해보니 가천초등학교 아이들이 참여하면 좋겠는데 행정의 판단이 걱정된다는 것이었다. 행정과 이야기를 나눌 충분한 시간이 없었고 이런 일을 행정과 의논할 때 그 반응도 충분히 예상되었다. 그래서 내가 책임질 테니 가천초등학교도 참여하게 하자고 결정했다. 그 과정에서 아무 문제도 없었고 가천초등학교 학부모들은 매우 고마워했다. 이렇게 맥주 모임이 활성화되자 고산향교육공동체의 공식적인 일들도 무난히 진행할 수 있었다.

2학기가 되고 저녁을 먹는데 딸 아이가 학생회장 선거에 나가 볼까 고민 중이라 말을 꺼낸다. 모르는 사람과 친해지는 것에 익숙하지 않은 숙맥이어서 식당에서 점원을 부르는 일, 주문하는 일도 거북해하는 아이가 학교회장이 되겠다니. 왜 회장을 하고 싶은지, 잘 할 수 있을지 더 생각해보자고 했다. 며칠 뒤 딸과 이야기를 해보니 작년 학생회 회장 선거에서 후보자의 공약이 대부분 사소하거나 실현 불가능한 것들이었고 회장이 된 후 그 공약을 지키려는 노력도 하지 않더라면서 그걸 바꾸고 싶다고 했다. 그런데 공연히 출마했다가 회장이 되지 않으면 창피해질 걸 걱정하고 있었다. 그래서 이렇게 이야기해주었다.

"간단하네. 회장이 되는 것이 목표가 아니라 그러한 공약을 만들고 이야기하는 것을 목표로 하면 되겠네. 음, 그러니까 떨어지는 걸 목표로 준비를 해보자."

딸 아이의 얼굴이 밝아졌다.

"오~ 그러면 되겠네."

다음 날 퇴근하니 큰 도화지를 놓고 딸 아이가 씨름을 하고 있었다. 회장 선거 포스터를 만들어야 하는데 어떻게 해야 할지 모르겠다는 것이었다. '걱정하지 마. 오빠가 독서실 갔다 오면 해결해줄 거야.' 큰아이가 제수를 하느라 집에 있었고 전주에 있는 독서실에 갔다가 엄마의 퇴근길에 집으로 올 예정이다. 저녁을 먹은 후 두 남매가 머리를 맞대고 끙끙대고 있었다. 동생의 이야기를 들은 큰아이는 도화지에 구도를 잡더니 이렇게 저렇게 그리자며 설명을 한다. 동생이 좋다고 하자 쓱쓱 그려나간다. 여학생을 그리며 교복 치마를 표현해야 하는데 색종이를 가져다가 그 종이로 주름을 잡아 치마 모양으로 자르더니 붙여넣는다. 그래 넌 역시 디자인을 해야 하는 놈이구나. 딸은 오빠의 작품에 만족했다.

딸은 오빠의 작품 덕분이었는지 목표가 어긋나 학생회장이 되었다. 예상 밖이었지만 회장을 하면서 숫기 없는 성격이 조금은 고쳐질 수 있지 않을까 기대했다. 내가 바라는 건 그것뿐이었다. 그런데 딸은 예상하지 않았던 능력이 있었다. 고산고등학교 학생회장은 선배인 3학년 졸업식을 기획하고 주관해야 한다. 아마 공립형 대안학교로 전환을 준비하면서 학교 주관이던 졸업식을 학생회가 주관할 수 있도록 한 모양이다. 딸은 학생회 임원들과 졸업식을 기획했다. 강당 한가운데에 레드카펫을 깔았다. 후배인 사회자가 이름을 부르면 졸업생은 마치 배우처럼 그 레드카펫을 걸어 입장한다. 그 레드카펫 워킹을 가족과 친구들은 색종이, 꽃다발 그리고 환호로 장식한다. 그리고는 강단 앞의 연단에 서서 졸업하는 소회와 그동안 고마웠던 분들에게 인사말을 하고 정해진 자기 자리에 앉는다. 모든 졸업생이 그렇게 입장하면 본격적인 졸업식이 시작된다. 그리고 졸업생이라면 누구나 빠짐없이 상을 받는다. 예를 들면 '잘버텨상', '행복전파상', '참잘잤상', '미래가밝을상', '고운마음상' 이런 이름의 상이다. 이 졸업식 풍경은 동네에서 신선한 일로 알려졌다. 일 년 뒤 우리 딸은 자신의 졸업식에 그 레드카펫을 첫 번째로 걸어 입장했다. 전임회장이니까. 그리고 그 레드카펫은 고산고등학교의 전통이 되었다.

　나는 고산향교육포럼의 정관을 정비해 회장을 비롯한 임원의 선출절차를 공정하게 바꾸었고 소위원회를 만들어 더 민주적으로 운영될 수 있도록 했다. 아이 엄마는 대안학교의 전환과정에서 학부모의 도움이 필요하면 휴가를 내면서 참여하고 아이들의 수학여행을 위해 답사를 하고 아이들이 만경강 걷기를 할 때 음료수 가방을 메고 같이 걸었다. 그렇게 아빠는 교육공동체, 엄마는 학부모회, 본인은 학생회 회장을 하는 와중에 딸은 고등학교에 다녔다. 그리고 고산고등학교는 우리 아이를 일반고의 마지막 학생회장으로 졸업시키고 공립형 대안학교가 되었다.

35세까지 청소년인 아이들

딸 아이는 어렸을 때부터 하고 싶은 일이 많았다. 초등학교 방과후 프로그램으로 가야금을 배웠고 고등학교에 가더니 어렸을 때 배운 피아노 실력에 기대 밴드부에서 건반을 연주했다. 고등학교 1학년 때 학교축제에서 커리커처로 얼굴을 그려주는 좌판을 차렸는데 우리 아이가 그려준 얼굴 그림에 감명받은 교장선생님은 미대진학을 권유하기도 했다. 하지만 딸은 그림은 취미로만 그리고 싶다며 미술학원에 다녀보자는 내 제안을 무심히 거절했다.

그다지 공부에 열과 성의를 보이지는 않았다. 오빠가 어려운 수학 문제를 동생들에게 내주고 함께 푸는 놀이를 하곤 했는데, 끝까지 달라붙는 막내와 달리 처음에 조금 응해주다가 '난 몰라'하면서 포기하곤 했다. 그래도 성적은 그럭저럭 유지했다. 고등학교에 진학하더니 대학을 가겠다며 친구와 함께 동네 학원도 다니고 수학 성적이 오르지 않는다며 방학 때는 전주에 있는 학원도 다녔다. 그렇게 자기 또래 아이들과 크게 다르지 않게 학교생활을 했다. 학년이 바뀔 때마다 희망직업엔 매번 '교사'를 적었다.

고등학교 3학년이 되었고 전공을 정해야 했다. 큰아이의 입시 때 도움을 받았던 컨설턴트를 다시 찾아갔다. 그 컨설턴트는 아이의 성적과 생활기록부를 보더니 내신성적이 나쁘지 않아 수시에 중심을 두는 것이 좋겠다며 희망하는 학과가 있느냐 물었다. 사범대학을 생각하고 있다고 하니 생활기록부의 내용이 교사에 적합하지 않고 미디어나 문화, 창의적인 분야 쪽이 더 맞지 않느냐 반문한다. 그는 더 나아가 교사처럼 틀에 맞추어진 삶에 잘 적응할 수 있을지 모르겠다는 이야기를 조심스럽게 했다. 몹쓸, 아빠를 닮았나 보다. 딸에게 아직 시간이 있으니 천천히 생각해보자 했다.

　딸은 컨설턴트로의 말대로 정시, 즉 수능점수로 대학입시 전형을 응시하는 것을 포기했다. 노력해도 모의고사 성적은 생각만큼 오르지 않았고 학생 수가 적고 경쟁이 치열하지 않은 시골학교라 내신성적은 변동 없이 유지하고 있었다. 3학년 2학기 어느 날, 출근하고 조금 있다가 아이 엄마에게서 전화가 왔다. 딸이 중간고사 시험시간에 들어오지 않았고 학교에서 전화가 왔으니 가까이 있는 내가 집에 가보라는 것이었다. 분명 어제저녁에 시험공부를 하고 있던 딸이었다. 조금 있다가 다시 전화가 왔다. 1교시를 빼먹고 2교시에 왔단다. 새벽까지 공부하고 늦게 일어나 지각을 한 모양이었다. 상심했을 딸을 위해 하교 시간에 맞추어 학교에 갔다. 딸은 그냥 평온했다. 어찌하다가 지각을 했냐는 물음에 딸은 '할 수 없지 뭐'라며 짧은 답을 했다. 어려서부터 그러기는 했다. 어떤 일이 있든 그 전후로 호들갑을 떨고 좋아라 하거나 실망하는 모습을 밖으로 드러내는 일이 없었다. 나중에 확인해보니 그 시험점수는 0점 처리되었고 등급이 조금 낮아졌다고 한다. 불행 중 다행이라면 고등학교 3학년의 입시전형에는 3학년 2학기 성적이 반영되지 않는 것이었다.

수시 입시를 앞두고 딸은 사범대학이 아니라 컨설턴트의 말대로 언론이나 미디어 분야로 원서를 쓰겠다 한다. 아무래도 그 심경의 변화가 미심쩍어 컨설턴트의 말을 꼭 따라야 하는 것이 아니고 아빠도 그 이야기가 솔깃하지만 아빠의 생각도 중요하지 않으니 신중하게 결정하자고 이야기했다. 그렇게 사범대학에 대한 미련을 버리고 수시전형의 원서를 썼다. 사대를 포기한 이유를 물으니 딸은 '그냥 이제 생각이 나질 않아'하고 말을 짤랐다.

입학이 조금 어려워 보이는 대학, 가능성이 있지만 약간 불안한 대학, 안정권에 있는 대학 이렇게 구별하여 원서를 작성하고 보냈다. 언론, 미디어 계열이라 그런지 경쟁률이 높아 살짝 불안했다. 수시전형이라도 수능성적의 최저기준을 요구하는 대학이 있어 이에 대비를 해야 한다. 모의고사 성적이 좋지 않아 최저기준에 맞추지 못할 수 있어 예상 커트라인이 높은 대학은 아무래도 주저할 수밖에 없었다. 곧이어 수능을 본 딸은 실력대로 봤다고 한다. 원서를 낸 대학의 최저기준은 맞출 수 있다는 것으로 이해했다. 수시전형의 결과가 하나씩 발표되는데 조금 어려워 보였던 대학에선 모두 탈락하고 마지막 남은 안정권에 있던 서울의 한 대학에서 다행스럽게도 합격 소식이 들려왔다. 딸은 그다지 기쁜 것 같지 않았다. 그렇게 딸은 본인의 감정과 생각을 숨긴 채 대학생활을 준비했다.

그해 겨울, 코로나19 전염병이 시작되었다. 전대미문의 바이러스는 사람들을 공포로 밀어 넣었고 모든 것이 예전과 달리 비정상적으로 운영되었다. 딸은 자신이 입학한 대학이 어디 있는지, 어떻게 생겼는지, 학교 주변이 어떤 곳인지 알지 못한 채 입학서류를 파일로 제출하고 함께 입학한 친구들이 누구인지도 모르는 채 입학을 맞왔다. 친구를 만날 수 있는 오리엔테이션도 없었고 선배들은 알 수 있는 MT도 없었다. 입학식도 취소되었고 수업이 제대로 운영될 것인지도 불투명했다. 그러다 보니 대학 플레쉬맨의 기대감, 설레임 같은 것도 없는 듯했다. 서울에 갈 일이 있어 온 가족이 딸의 학교에 가봤는데 학교를 처음 만나는 마스크를 쓴 딸의 얼굴이 그다지 밝지 않았다.

기숙사를 신청했으나 코로나19로 기숙사 운영이 취소되었고 모든 강의는 비대면이었다. 그렇게 딸은 학교에 가지 않고 대학 생활을 시작했다. 모임 인원을 제한하는 탓에 전체적인 학과 모임은 없었고 소수로 모이기는 했으나 집이 멀다는 이유로 거의 참석하지 않았다. 딸은 그런 대학 생활에 만족하지 않은 듯 보였다. 급하게 준비한 비대면 수업이 싫은 것인지, 친구들을 만나지 못하는 것이 아쉬운 것인지, 입학한 대학이 마음에 안 드는 것인지, 전공이 맞지 않는 것인지 모를 일이었다. 1학기를 마쳐갈 때 딸은 이렇게 말했다.

"아빠 이렇게 대학을 다니는 것은 아닌 것 같아. 적어도 국립 대학에 가서 학비라도 아껴야겠어."

갑자기 집안의 경제적 형편의 걱정하는 효녀가 되었다. 그게 핑계이든 상관없었다. 대학을 한 학기 다니고 다시 대입을 준비하는 반수를 하겠다는 선언이었다.

딸은 배수진을 쳤다. 입학한 대학의 2학기 등록을 아예 하지 않았다. 반수에 실패하더라도 다시 돌아가지 않을 작정이었다. 인터넷 강의를 신청하고 오빠가 하던 그 시간을 쫓았다. 상근으로 집에서 예비군 사무실로 출퇴근을 하면서 군복무를 하는 오빠와 저녁에 이런저런 이야기를 나누곤 했다. 여전히 정시는 포기했다. 수능성적을 올리기에 반수는 시간이 짧기도 하지만 여전히 자신 없어했다. 하지만 작년보단 성적을 올려 최저기준으로 도전하기 어려웠던 대학을 도전하겠단다. 생활기록부가 특정 분야를 목표로 작성되어 있지 않은 탓에 생활기록부를 보지 않는 내신 중심의 전형을 활용하기로 했다. 수시 원서를 쓸 때가 되니 아이가 원하는 대학은 모두 국립대 사범대학이었다. 그리고 윤리교육과였다. 왜 다시 사범대학을 가려는지, 왜 윤리교육과인지 묻지 않았다. 대학생활 반년, 반수 반년 동안 충분히 생각하고 고민했을 것이기 때문이었다. 다만 혹시나 하는 마음으로 아빠가 원하는 학과가 있는 대학 한 군데에 원서를 내는 것이 어떠냐 제안했다. 딸은 또 무심히 그 제안을 허락했다. 아빠의 제안을 받아준 것은 왜일까. 아직도 미스테리이긴 하다.

딸은 아빠가 제안한 대학에도 합격했으나 입학하지 않고 사범대학에 다니고 있다. 집과 떨어진 학교라 처음에는 기숙사에 들어가더니 1학기가 끝나기도 전에 자취방을 구해달라 한다. 방학에도 방을 빼지 않고 학교생활을 하고 싶다고 한다. 밴드부에 들어가더니 고등학교 시절 연주하던 건반이 아닌 기타를 치고 학과 친구, 밴드부 친구들과 어울려 술도 마시고 적절히 시간을 빼 아르바이트도 하며 잘 지내는 듯하다. 집에 자주 오지 않는 게 그 증거다. 학교가 달라져서인지, 학교 주변에 대학촌이 있어서 그런 건지, 비대면 수업을 하지 않고 친구들과 어울릴 수 있어서 그런 건지 이번에는 싫은 태를 보이지 않는다. 하지만 가끔 집에 와서는 '전공수업이 재미없다', '임용고시를 보지 않을지 몰라', '교사가 아니라 교육행정 공무원이 될까', '복수전공으로 다른 학과 공부를 할까' 말한다. 아직도 딸은 대학에 가서도 진로를 탐색 중이다. 답답한 건 아빠인 나이다. 딸은 언제나 그렇듯이 무심하고 담담하다. 오래전 광주에서 청소년 활동을 하는 친구가 이런 이야기를 했다.

"평균수명이 늘었으니 청소년기도 늘어나야 한다. 그래서 이제는 35살까지 청소년이다. 35살까지 성인으로 보지 말자는 것은 아니다. 그때까지를 자신이 하고 싶은 일을 찾기 위한 진로 탐색 기간으로 봐야 한다. 그러니 그때까지 안정된 직업을 가지라, 창업해라 무리하게 요구하지 않았으면 좋겠다."

딸은 35세까지 아니, 그 이상의 나이까지 진로를 탐색하며 살지 모르겠다. 또한, 딸이 자신의 진로를 확실하게 찾을 때까지 잔소리하지 않는 참을성 있고 능력이 있는 아빠가 될 수 있을지도 모르겠다. 그래도 다행인 건 불안해하거나 조급하지 않은 딸의 평온함이다. 그리고 지금까진 나는 그 평온함을 믿고 있다.

장애가 있는 선생님을 업은 아이

막내는 춘천에서 태어났다. 결혼하면서 농구팀을 만들 수 있게 아이를 낳자고 우스개 소리를 하곤 했다. 그러려면 아이를 셋 낳아야 한다. 엄마, 아빠와 합치면 5인 농구팀이 되니까. 큰아이와 딸을 낳고 셋째를 가질 생각을 하지 않았다. 아이 둘을 2년 터울로 낳아 키우고 있어 감당하기 어려웠고 두 아이가 어느 정도 크면 집사람은 다시 직장에 나가려고 마음먹고 있었기 때문이다. 그래서 셋째를 낳더라도 터울을 두고 늦둥이로 낳을까 정도로 생각만 했다. 어느 날 몸이 이상해 산부인과를 갔던 집사람이 임신했다고 알려왔다. 함께 살고 있던 어머님은 무척 좋아하셨다.

풀무학교 교사를 그만두고 회사를 창업해 춘천에 살

고 있었다. 농촌 마을과 관련한 일을 하고 있었는데 먼 지역으로 출장을 자주 다녔다. 출장을 위해 집을 나서는 데 집사람이 산부인과에 가보겠다고 했다. 예정일이 지나 소식이 없어 검진을 받아보겠다는 것이었다. 운전하는 도중에 문자가 왔다. '의사가 촉진제 맞고 낳자고 해서 분만실에 가려고 해' 둘을 낳아보더니 안과에 가서 속눈썹 뽑는 일처럼 간단한 듯 문자를 보냈다. 그리고 2시간도 지나지 않아 병원에 같이 간 이웃에 살던 후배 부인이 문자를 했다. '아들을 낳았어요' 경남의 어느 군청에서 회의하다가 그 문자를 받았다. 그렇게 막내는 쉽게 세상에 나왔다.

막내는 막내라 억울한 것이 많았다. 말을 하지 못할 때는 말 안 통한다며 형이랑 누나가 따돌렸고 이해하기 어려운 방식의 놀이를 제안해 동생을 골탕 먹이기도 했다. 그래서 항상 심술이 붙은 얼굴이었지만 개구쟁이여서 하지 말라는 일을 골라서 했다. 예를 들어 운동화가 젖는다고 물웅덩이를 피해 걸으라 하면 일부러 그 웅덩이에 들어가 첨벙첨벙 뛰어다니는 식이었다. 형, 누나와 다른 점은 있다면 겁이 없었다. 5~6살이었을 즈음 수영 장에 갔다. 큰아이와 딸은 수심이 낮은 곳에서 얌전히 놀 고 있는데 막내가 나를 크게 불렀다. 내가 쳐다보자 손을 한번 흔들더니 수심이 깊은 성인용 풀에 뛰어 들어갔다. 수영하지 못하던 때였기에 허겁지겁 달려 들어가 허우 적대는 아이를 건져 안고 나왔더니 배시시 웃는다.

"다시는 이러지마! 아빠가 널 보지 못하면 어떻게 하니! 다 시는 하지마!"

웃으며 고개를 끄덕인다. 그런데 조금 있다가 다시 아빠를 부르고는 성인용 풀로 뛰어든다. 그래서 다시 허 겁지겁 나는 뛰어들어야 했다. 그런 식으로 늘 위험한 장 난이 따라다녔다.

다들 그렇듯이 남자아이들도 자주 울지만, 막내가 울 때는 명확한 이유가 있었다. 부당한 경우였다. 예를 들어 형과 놀고 있는데 중간에 형이 일방적으로 게임룰을 바꾸었거나 간식이나 과자의 배분이 형, 누나 사이에서 공정하지 않을 때 울었다. 고산에서 동네 축제를 하는데 사회자가 퀴즈를 내고 상품을 주는 행사가 있었다. 아이들을 단상에 불러내 퀴즈를 냈고 막내가 답을 했는데 왜인지 상품을 주지 않자 꽤 긴 시간 울음을 그치지 않았다. 막내는 울면서 상품을 못 받아서 우는 것이 아니라 사회자가 약속을 어겨서 우는 것이라 웅얼거렸다. 그래서인지 초등학생일 때 경찰관이 되고 싶다고 했다. 우연히 투캅스인가 하는 영화를 같이 봤는데

"아빠, 경찰은 원래 저런 거야?"
"저건 영화야. 열심히 일하는 경찰이 더 많아."

그 이후 막내는 경찰이 되고 싶다는 말을 다시 하지 않았다.

막내도 초등학교를 세 번 전학했다. 안성, 완주군 구

이면, 완주군 고산면의 학교에 다녔다. 안성과 구이면에서는 자동차로 통학을 해야 했지만, 고산초등학교는 집과 가까워 자전거를 이용했다. 자전거로 통학하는 아이들이 많아 그 친구들과 동네 여기저기를 돌아다니며 시골 아이답게 까무잡잡한 얼굴을 만들면서 건강하게 학교에 다녔다. 그러던 어느 날 학교에서 가정통신문이 왔다. 집사람이 황당하다며 보여준다. 면소재지 골목에서 자전거로 통학하던 초등학생이 크지 않은 교통사고를 당했던 모양이다. 가정통신문의 내용은 '자전거 통학금지'였다. 애써 안전을 들먹이며 권유하는 형식이었지만 '통보'였다. 자전거를 타는 아이들이 다쳤다면 교장이 면장이나 파출소장을 만나는 일이 먼저가 아니겠는가. 그래서 면 소재지 어디든 아이들이 안전하게 자전거를 탈수 있게 만들어야 하지 않는가, 학교에 오고 갈 때 사고만 나지 않으면 된다는 소리인가. 학교에 찾아가 따지고 싶었지만 우선 당장 내일 아이의 통학을 어떻게 할지부터 챙겨야 했다. 아이에게 어떻게 할 건지를 물으니

"아빠 괜찮아. 자전거 타고 학교 근처에 있는 친구네 집 마당에 세워두고 걸어서 학교에 가면 돼."

학교가 어릴 때부터 꼼수라는 걸 가르쳐주는구나. 그래 이 세상을 살아가려면 그것도 필요하지. 그런 말이 튀어나오는 걸 참았다. 열쇠도 없는 자전거를 며칠씩 세워두어도 아무도 훔쳐가지 않는 그런 동네에 사는 것을 위안 삼았다.

막내가 중학교에 갔다. 한 과목의 선생님이 일방적인 강의로 수업을 하는 것이 아니라 그룹을 만들어 토론도 하고 팀작업을 통해 발표하는 방식으로 진행한다며 그 수업이 재미있다고 이야기했다. 그런데 며칠을 심각한 얼굴로 학교에 가더니 저녁을 먹으며 이야기를 꺼낸다. 대강의 내용은 이렇다. 그 수업에서 막내와 같은 그룹이 된 한 친구는 수업을 잘 따라오지 못하는 가벼운 장애가 있는 친구였다. 막내는 그 아이와 함께 팀작업을 하고 발표를 했다. 그런데 수업이 끝나고 선생님이 그 친구 이름을 부르면서 조가 좋아서 무임승차를 했다고 말했다. 이 말에 발끈한 막내는 선생님이 한 말은 적절하지 않은 것 같다고 항의했다. 그 교사는 선생님한테 대드는 것이냐며 야단을 쳤고 이러저러한 말이 오갔다. 그렇게 그 교사와 막내 사이는 벌어졌다. 며칠 후 막내가 식당에서 점심을 먹고 이를 닦으며 아직 식사가 끝나지 않은 친구들의 이야기를 듣고 있었다. 이 광경을 본 그 선생님은 막내를 크게 혼냈다. 식당에서 칫솔질을 했기 때문이었다. 막내의 친구들이 이렇게 혼낼 일은 아니지 않냐며 선생님에게 집단으로 항의했다. 그래서 그 교사와 아이들은 대치 상태가 되었다. 내막의 앞뒤에 막내가 잘못한 것도 있지만 부당하고 억울한 측면도 있었다. 무엇이 옳고 그른지 구별하지 않았다. 막내의 억울한 감정을 달래고 학교생활을 예전처럼 하게 하는 게 중요했다.

"너랑 친한 친구가 큰길 너머 반대편에 있고 그 친구를 만나려면 육교를 건너야 해. 그런데 네 옆에 있는 다리가 좀 불편한 다른 친구와 같이 가야 해. 어떻게 할래?"

"뭐 부축하거나 급하면 그 친구를 업고 육교를 건너야지."

"맞아. 선생님을 업어. 학교에 가야 네가 좋아하는 친구들도 만날 수 있고 네가 좋아하는 기타도 칠 수 있잖아. 학교에 가려면 그렇게 해야 해. 선생님은 장애인이야. 네가 업고 가야 하는 장애인. 그렇게 생각하자. 그런데 이 세상의 모든 사람이 장애가 있어. 너도 그렇고 아빠도 그래. 우리가 보통 장애인이라고 하는 사람들은 그 장애가 겉으로 드러났을 뿐이야. 앞으로 너는 그 선생님과 같은 사람들을 많이 만날 거고 그때도 업고 가야 할 거야. 또 언젠가는 너도 다른 사람의 등에 업혀야 할 일이 있을 거고."

처음에 야릇하던 막내의 얼굴에 미소가 번졌다. 이후 그 선생님이나 관련된 사건과 관련한 이야기는 일절 하지 않았다.

막내는 일찍 기타를 잡았다. 초등학교 방과후 프로그램에서 기타를 배운 형의 영향이었다. 형과 같이 초등학교 방과후 프로그램에서 기타를 배우고 중학교에선 밴드부에 들어갔다. 집에서도 거의 매일 기타를 쳤다. 동네 축제나 군청 행사에 나가 연주하기도 하고 전주의 문화예술단체가 지원하는 프로그램에 참여해 앨범도 만들었다. 동네에서 카페를 운영하는 학부모를 만났더니 막내에게 좋은 카메라를 하나 사줘야 한다고 이야기를 한다. 그 집의 딸이 우리 막내의 SNS 친구인데 그 딸이 보여주었다는 사진을 보여주었다. 새벽에 동네 동산에 올라가 해가 뜰 무렵의 마을 전경을 찍고 한밤중 가까운 읍내에서 차가 다니지 않는 도로 한복판에서 제자리 뛰기로 만세를 하는 친구를 찍었다. 그냥 사진이 아니라 무언가 이야기하고 싶은 게 있는 그런 사진이었다. 그 학부모는 막내의 예술적 끼를 살려주어야 한다고 말했다. 외국의 극단을 초청해 연극을 지도하고 공연을 하는 프로그램에 참여한 적이 있는데 공연을 할 때 보니 대사를 잊어

버린 친구를 위해 애드립을 치기도 했다. 막내의 중학교 생활을 보며 평범하게 공부만 하질 않겠구나 하는 불길한 예감이 들긴 했다.

전통이란 무엇일까, 본질이란 무엇일까

막내는 집에서 가깝고 누나가 다닌 고산고등학교가 아니라 전주에 있는 고등학교에 진학을 원했다. 전라북도의 고교 평준화 지역인 전주, 군산, 익산의 일반고등학교는 전북에 거주하면 거리나 학군에 상관없이 지원할 수 있다. 다만 학군별 정원을 내신성적에 의해서 선발하고 학군 내에서 학교배정은 지원학교에 대한 희망순위에 따라 추첨으로 배정한다. 중학교 내신성적이 낮아 학군별 정원에 들어가지 못하는 경우가 아니면 대개 원하는 고등학교에 진학할 수 있다. 대학입시 성과가 좋은 특정 고등학교에 아이들이 몰릴 것 같지만 내신에 분리할 수 있어 적절한 배분이 일어난다.

막내는 집에서 통학이 쉽지 않은 전주의 한 고등학

교를 선택했다. 그 이유는 밴드부가 있기 때문이었다. 그 학교는 비평준화 시절에 전북에서 중학교 성적이 우수한 아이들이 진학하는 명문이고 그래서인지 전북의 여러 지역의 학생이 입학하기 때문에 기숙사를 운영했다. 막내의 통학을 위해 전주와 완주 두 집 살림을 준비하고 있었는데 다행스럽게도 기숙사가 있었고 입사도 가능했다.

막내의 순탄치 않은 고등학교 생활은 여러 가지 학교생활에서 예견되었다. 학생들은 말만 '자율'인 방과후 자율학습을 한 후 집에서 통학하는 아이들은 하교하지만, 기숙사에 사는 학생들은 저녁을 먹은 후 기숙사 독서실에서 자율학습을 또 했다. 예외는 허락되지 않았다. 또 정해진 일부 시간 이외에는 핸드폰을 비롯한 스마트 장비를 휴대할 수 없었다. 인터넷 강의, 정보의 검색 등 다양하고 효율적인 공부방법을 활용할 수 없었다. 스스로 공부하는 학생을 한 번도 본 적이 없는 것일까. 스스로 공부하도록 하는 노력을 해보기는 한 걸까. 학생은 누구나 틈을 주면 공부하지 않고 딴짓을 한다고 생각하는 모양이었다. 우리 아이도 도매금으로 그런 아이가 되었다. 가족 모임이나 병원 진료 등으로 기숙사에서 잠을 자지 못할 때는 기숙사 사감 선생님에게 문자를 보내면 된다. 이러저러한 일로 그런 경우가 생겨 문자를 보냈지만 사감으로부터 답신을 받아본 적이 없다. 감기로 몸이 안 좋아 기숙사에 가지 않았을 때 사감이 병세나 안부를 물었는지 아이에게 확인해보았는데 예상대로 그런 일은 일어나지 않았다. 풀무학교에서 선생님이 마치 부모처럼 기숙사의 아이들을 보살펴주던 경험을 가진 우리 부부에게 이 상황은 매우 생경했다. 기숙사 사감은 선생님이기보다 사건이나 사고가 일어나지 않도록 관리하는 직원과 같았다. 이렇게 누군가의 보살핌을 제대로 받아보지 못한 아이들이 성장해 다른 사람들을 보살필 수 있을까 하는 생각이 들었다. 아이도 무언가에 불만이 있어 보였지만 생각과 감정을 참는 것 같았다.

불안한 상황은 계속 이어졌다. 담임선생님은 학부모

를 초대해 단체대화방을 만들었다. 완주에선 각 반의 학부모회장이 단체대화방을 만들고 학교나 담임선생님의 의견과 전달사항은 학부모회장과 상의한 후 소통되었다. 막내 담임선생님의 방식은 일방적이어서 생소했지만, '젊은 선생님이 다양한 방식으로 학부모와 소통하려는구나'하고 좋은 쪽으로 생각했다. 며칠 후 이 대화방에 사진이 하나 올라왔다. 아이들이 교실에서 자율학습을 하는 사진이었다. 사진 아래에는 담임선생님의 글이 달려있었다. '우리 아이들이 이렇게 이쁘게 공부하고 있어요. 저도 아이들이 좋은 대학에 갈 수 있도록 최선을 다하겠습니다' 이 학교에서 가장 중요한 건 입시이구나. 1학년인데 그걸 가장 중요하게 여기는구나. 그 아래엔 학부모의 댓글이 주르르 달렸다. '선생님 고마워요', '이 학교에 보내길 잘했다는 생각이 드네요', '우리 아이가 이렇게 의젓하게 공부를 하고 있다니, 고맙습니다' 등등. 그러다가 한 엄마의 이런 글이 올라왔다. '선생님, 사진 찍을 때 혹시 무음으로 찍으셨나요? 앞으로 이런 사진은 아이들이 공부할 때 방해가 되지 않게 무음으로 찍어주세요.' 아이들이 공부만 하지 않고 교과목 이외의 책도 읽나요? 가끔 알아서 쉬기도 하고 운동도 하고 그러겠죠? 이런 물음을 그 대화방에 쓸까 했던 집사람은 그 문자를 보고 얼음이 되었다. 우리 부부는 담임선생님이나 다른 학부모들을 만나는 것이 두려워졌다. 집사람은 '우리가 정상이 아닌 것 같아'라는 말을 몇 번이나 했다.

1학년 첫 모의고사가 있었다. 수학시험에서 진도가 늦어 배우지 않았던, 앞으로 배워야 하는 내용이 출제되었다. 학교 진도에 따라 공부를 한 막내는 그 문제를 풀 수 없었다. 모의고사를 보고 온 막내는 황당하다며 말을 꺼냈다. 진도를 나가지 않는 범위에서 문제가 출제된 것 때문이 아니고 수학 점수가 낮아서도 아니었다. 학원에서 선행학습을 한 친구들이 그 문제를 풀었고 선생님은 그 아이들을 칭찬했기 때문이었다. 어려서부터 부당한 것에 민감했던 막내는 나한테 물었다. 나는 그 물음에 제대로 답을 할 수 없었다.

"아빠, 우리 학교가 대학입시에서 좋은 성과를 내면 그건 학교가 잘한 거야, 학원이 잘한 거야?"

막내는 예상대로 밴드부에 들어갔다. 그래도 음악을 하겠다는 아이들이 있어서 밴드부를 만들 수 있었나 보다. 학교에서 밴드 연습할 시간이 있는지 물어보았다. 황당한 답이 돌아온다. 연습할 시간이 공식적으로 없다는 것이다. 그래서 점심시간이 시작되자마자 모여 연습을 하고 점심시간이 끝날 무렵 밥을 먹고 오후 수업에 들어간단다. 식당에 늦게 가니 좋아하는 반찬은 없는 경우가 많고 급하게 먹으니 소화도 잘되지 않는다 한다. 눈물이 핑 돌았다. 밴드 연습실은 있냐고 물으니 씁쓸하게 웃으며 연습실은 있는데 에어컨이 없어 여름이 걱정이라 답한다. 고산엔 학교에도 연습실이 있었고 동네에도 연습실이 있었다. 동네 연습실 열쇠는 인근의 카페에 맡겨져 있어 언제든지 쓸 수 있었다. 전주의 그것도 명문이라는 학교에 있는 밴드부가 이렇게 운영되다니. 밴드부에 대해 학교는 관심이나 있니, 밴드부를 지도하는 선생님은 있기나 하니 묻고 싶었지만 참았다.

여기까지는 막내도 버텨볼 요량이었던 것 같다. 안타깝게도 여름방학을 앞두고 베이스 기타를 치던 친구가 밴드부 활동을 하지 못하게 되었다. 부모가 공부에 전념하라고 했단다. 밴드부는 해체되었다. 이제 제대로 된 점심을 먹을 수 있게 되었고 에어컨 없는 연습실에 들어갈 일도 없어졌다. 하지만 막내에게서 학교는 점점 멀어지고 있었다. 그렇게 여름방학을 맞았고 막내는 그리워하던 만경강이 흐르는 고산에서 잠시 마음의 위안을 받았다.

불안하게 2학기가 시작되었다. 전주에 집을 구했다. 기숙사 생활에서라도 탈출시키고 싶어서였다. 그래도 막내는 기숙사에 들어가겠다고 고집을 부렸다. 이 시스템의 끝까지 가보겠다는 심정이었을까. 주말에 집에 있다가 짐을 챙겨 기숙사로 들어가는 아이의 뒷모습을 지켜볼 수 없어 이내 고개를 돌려야 했다. 내 군대 생활이 생각나서이다. 지방에서 장교로 군복무를 했는데 주말에 쉬고 일요일 저녁에 장교숙소로 가는 일이 그렇게 힘들었었다. 그래서 아이의 마음이 헤아려졌다. 그러던 어느 날 막내는 뜬금없는 걸 물어봤다.

"아빠! 전통이라는 게 뭐야?, 선생님들이 전통이 있는 학교라고 하는데 나는 전통이 무엇인지 모르겠어."

그런 질문을 한 이유나 배경을 모르니 답을 할 수 없었다. 차근차근 물으니 학교가 개교 100주년이 되어 유명인이 된 졸업생이 많이 찾아오고 기념으로 나무를 심으면 박수를 치러 나간단다. 그때마다 이 학교를 나와 이 학교의 교사가 된 선생님이 전통이 있는 학교에 다니게 된 것에 자부심을 가지라 했다는 것이다. 그래서 아이는 그 전통이 무엇인지를 궁금했다고 한다. 며칠 뒤 제주도 수학여행이 예정되어 있었다. 막내에게 말했다. '제주도는 전통이 많이 남아 있는 곳이니 수학여행에서 스스로 생각해보고 오면 좋겠다, 시간이 흐르면 무엇이든 변하는데 그 속에서도 남아 있는 것이 전통이지 않을까. 그 관점에서 잘 생각해보면 좋겠다, 수학여행에 다녀와서 아빠랑 다시 이야기를 해보자' 막내가 수학여행에서 돌아왔다. 묻기도 전에 전통에 대해 생각해봤다며 말을 이었다.

"전통이 남아 있으려면 본질을 잃어버리지 않아야 합니다."

기대하지 않았던 훌륭한 답을 찾아왔다. 하지만 그 뒤에 이어진 말은 그 날 하리라 기대하진 않았지만 예상하던 바였다.

"아빠, 제가 다니는 학교는 본질을 잃어버렸기 때문에 그만 다니겠습니다."

나는 잠시 얼음이 되었다. '그그그....그래, 엄마랑도

상의해 보자구나' 그렇게 막내는 우리나라 전체 고등학 생 중에 1.5% 정도가 결행한다는 낯선 길을 가게 되었고 나는 자퇴생의 아빠가 되었다.

자퇴라는 낙인

집사람은 막내의 자퇴를 의외로 침착하게 받아들였다. 집사람의 어린 시절 별명은 '바른생활'이었다. 그런 집안에서 그렇게 자랐다. 그런 사람이 아이를 키우면서 '사교육걱정없는모임'이라는 곳에 가입하더니 꼬박꼬박 회비를 내고 꼼꼼히 소식지를 읽고 지역 모임에도 나갔다. 「고래가 그랬어」라는 잡지를 접하고는 구독신청을 하더니 과월호를 헌책방에서 사서 모으기도 했다. 그래서인지 집사람은 오히려 막내가 오래 버텼다는 반응이었다. 유일한 고민은 아이들 외할머니에게 손자의 자퇴를 이해시키는 것이었다. 전화로 '내가 아이들 어렸을 때 책을 너무 많이 보게 했나 봐요'라며 둘러대며 넘어갔다. 하지만 집사람과 나 모두 앞으로 어떤 일을 해야 하고 어떤 일이 벌어질지 몰라 불안했다. 그리고 학교에 자퇴 의사를 밝혔을 때 그 불안은 가중되었다. 담임선생님의 반응은 매우 사무적이었는데 우리 아이보다 아이가 맡고 있던 부반장을 누가 하나를 더 걱정하는 듯 보였다. 진지한 상담과 설득과정을 상상했던 우리는 불안감의 실체가 무엇인지 알 수 있었다. 도움을 받을 사람이 없었다. 우리는 예측할 수 없는 미래를 온전히 스스로 감당해야 해야 한다는 것을 깨달았다.

고등학교는 중학교와 달리 자퇴라는 절차가 공식적으로 있다. 자퇴를 원하면 담임교사, 학생, 학부모가 상담하고 그 이유가 타당하면 자퇴원을 작성해 교장의 결재를 받으면 된다. 간단한 듯 보이지만 학업중단 숙려기간이 있다. 이 기간에 학생은 Wee센터라는 곳에서 상담하고 학교 적응 프로그램에도 참여한 후 생각이 바뀌면 다시 학교로 돌아갈 수 있다. 이 숙려기간의 결석은 출석으로 인정한다. 자퇴 절차가 간단해 자퇴하는 학생들이 늘어나는 것이라며 어떤 국회의원이 교육부를 질타해 만든 제도란다. 모든 학생을 학교에서 관리해야 하는 걸까. 자퇴는 나쁜 것인가. 그렇게 자신할 만큼 학교는 정상적인가. 학업중단 숙려기간에 대한 설명을 들으며 또 많은 생각이 교차했다. 숙려기간은 자퇴 과정의 의무사항은 아니다. 하지만 숙려기간을 가지지 않은 자퇴를 교장이 결재하지 않기 때문에 이 과정을 꼭 거쳐야 한다. 부당한 것 같지만 어쩔 수 없이 따르지 않으면 안 되는 셈이다. 작은 권한이 권력을 만들고 그 권력이 더 큰 적절하지 않은 권한을 가지는 일이 여기에서도 일어나고 있었다.

Wee센터는 We+education, We+emotion의 합성어로 학생의 위기상담 종합지원서비스를 하는 곳을 말한다. 위기 학생을 대상으로 심리평가, 상담, 치유 프로그램을 진행한다. 자퇴하는 학생을 Wee센터에 보내는 것은 이미 '자퇴생=위기 학생'이라 생각하는 것이다. 학교에서 자퇴 학생에 대한 지원을 센터에 요청하면 센터에서 학생과 학부모를 대상으로 상담을 시작한다. 담임선생님을 만나고 며칠 뒤 Wee센터 상담사의 전화를 받았다. 며칠 후 전해진 시간에 학부모 상담을 받으러 오라는 것이었다. 그 날짜에 일정이 가능한지 묻지 않았고 여러 일정 중에 가능한 날을 선택하라는 것도 아니라 그 날 그 시간에 오라고 통보했다. 그리고 목소리로 전해지는 느낌은 이러했다. '아이가 자퇴하는 걸 보니 너는 분명 문제 부모일 거야.' 나는 그 상담사를 까칠하게 상대했다. 그 날 일정이 안된다, 다른 날은 없나. 이렇게 날짜 하나를 정해 일방적으로 알려주면 되느냐. 운전 중이니 집사람 전화번호를 받아적고 집사람과 통화를 하라. 상담사는 내 대응에 당황했다. 내가 너무 했나. 적절하게 죄인모드로 전환했어야 했나. 이렇게 해서 자퇴가 어려워지면 어쩌지. 또 여러 생각이 교차했다. 자퇴생의 부모도 쉽지 않구나. 나보다는 공손한 대응을 바라며 이러저러한 상담사가 전화할 거라고 집사람에게 미리 전달해놨다. 알았다던 집사람은 내 이야기에 '욱' 했는지 아예 우리 아이는 문제아가 아니며 아빠, 엄마와 충분히 상의하고 자퇴를 결정했고 숙려기간, 상담 같은 거 필요 없는데 왜 하라는 것인지, 하라 해서 하는 것뿐이라 말했다고 한다. 상담사는 이전에 겪지 못한 일을 경험한 이상한 날이었을 거다.

Wee센터에서는 숙려기간 동안 아이가 무엇을 하고 있는지를 확인하면서 몇 차례의 추가적인 상담을 진행했다. 숙려기간이 거의 끝날 무렵 막내는 자퇴하는 이유를 써야 한다며 어떻게 할지 물었다. 자퇴할 결심이 바뀌지 않았으면 네 생각과 결심을 그대로 쓰면 되지 않겠냐는 내 답에 막내는 이렇게 말했다.

"아빠, 난 기타와 관련된 공부를 하고 싶은 것도 있지만 다니던 학교의 시스템이 이해되지 않았거든. 그 이야기를 쓰면 상담사에게 구구절절 설명해야 하고 상담사는 날 설득하려고 할 거고. 그러다 보면 복잡해지고 그걸 걱정하는 거야."

이렇게 말하더니 아이는 이내 스스로 답한다. '그냥 기타 공부한다고 할께.' 마지막 상담에는 부모가 동행해야 한다. 상담사가 우리 아이와 진행했던 상담과정을 설명해주었다. 미술심리상담을 했는지 아이가 그렸던 그림도 보여준다. 의외로 그림은 상투적이었다. 상담사는 부모와 충분히 공유하고 있고 자퇴하는 이유도 분명하니 학교에서 자퇴 절차를 진행하게 하겠다 했다. 집에 돌아와 미술심리상담에 그런 그림을 그린 이유를 물으니 의도가 뻔해 상담을 쉽게 하려고 했단다. 아이는 학교에 대한 미련이 1%도 없어 보였다. 며칠 후 학교에서 연락이 왔다. 자퇴가 처리되었다고. 학교에 가서 담임선생님이나 교장선생님을 만나고 인사를 나누는 절차가 있을 것이라 기대했다. 조금 있다가 자퇴가 처리되었다는 문자가 한 통이 왔고 그게 마지막 절차였다.

자퇴를 결정한 후 Wee센터에서 상담을 받기 전까지 막내는 기숙사에서 나와 새로 구한 전주집에서 자전거를 타고 통학했다. Wee센터에서 상담하는 동안 타고 다니던 자전거가 보이질 않았다. 마지막으로 학교에 간 날, 아빠 차를 타고 오는 바람에 학교에 세워두고 왔단다. 학교에 다시 갈 일이 있을 줄 알았단다. 고산에서는 자물쇠를 채우지 않고 어디든지 자전거를 세워두어도 큰 문제가 없었다. 그래도 시내에 나왔으니 자전거 자물쇠를 하나 사주고 항상 채워야 한다고 했지만, 학교 안이라 안심했던 모양이다. 채우지 않았단다. 다음 날 학교에 가봤더니 자전거는 없었다. 파출소에 신고해보겠다 한다. 나는 공연한 일을 할 필요가 없어 이렇게 말했다. '신고한다고 자전거를 찾을 수 있을지 모르겠다, 경찰이 신고를 받고 CCTV를 훑으며 수사를 할지도 의문이고, 무엇보다 너를 어떻게 설명할래? 학생? 자퇴생?' 이미 아이는 Wee센터에서 자퇴생에 대한 어른들의 선입견을 경험한 터였다. 아이는 내 질문에 아무런 답도 하지 않았다. 다음 날 이렇게 말했다. '파출소에 가서 신고했어. 찾을 수는 없겠지만. 왠지 그렇게 하는 것이 내 자전거에 대한 예의인 것 같아서. 그리고 그 학교에 다닌다고 했어' 그렇게 아이는 생각보다 빨리 자퇴에 적응하고 있었다.

　　몇 년 뒤 이야기이다. 큰아이가 군복무를 마친 후 복

학했는데 학교에 가보니 막내가 다녔던 고등학교를 졸업한 친구가 같은 학과에 후배로 다니고 있더란다. 막내에게는 일 년 선배인 셈인데 동생이 그 학교에 다니다가 자퇴를 했다고 했더니 혹시 그 동생이 밴드부에서 기타를 쳤냐고 묻더란다. 밴드부가 없어지니까 당당히 자퇴한 1학년이 있다는 이야기가 학교 전체에 퍼졌고 막내를 부러워한 아이들이 많았다며 얼굴을 모르지만, 막내를 알고 있다는 것이었다. 막내가 자퇴의 기억을 웃으며 소환한 건 그때 딱 한 번뿐이었다.

아이를 키워준 동네

완주군 고산면에는 중장년 중창단이 있었다. 군청의 예산 지원 없이 주민들이 스스로 만들어 연습하고 공연을 했다. 집사람도 이 중창단의 멤버였다. 이 중창단을 지도하는 선생님은 고산면 소재지에서 '오손도손 멜로디'라는 음악살롱을 운영하는 주인장이다. 대학에서 작곡을 공부했고 인근 지역에 이전한 공기업에 다니는 남편과 함께 귀촌했다. 이 부부는 자급할 정도의 작은 규모로 벼농사를 짓고자 하는 사람들이 농사를 함께 짓는 모임인 '벼농사 두레'의 회원이고 나도 이 모임의 준회원이어서 알고 지내는 사이이지만 집사람이 중창단 활동을 하면서 더 친한 사이가 되었다. 그리고 막내가 자퇴했을 때 진로와 관련해 도와줄 사람으로 가장 먼저 생각난 사람이었다.

음악살롱에서 선생님을 만났다. 실용음악에 대해 우리 부부는 아는 것이 전혀 없었다. 그녀는 실용음악을 공부하면 할 수 있는 일, 그 업계의 현황, 실용음악을 공부하는 방법 등 다양한 이야기를 자세히 해주었다. '그렇군요'를 반복하며 이야기를 들어보니 급하게 자퇴를 결정한 것이 아닐까 후회되기도 했다. 전자 음향장치를 컴퓨터 등의 제어장치와 연결하고 최적의 음향을 내기 위해 조정하고 연출하는 직업이 있는데 작곡이나 연주를 병행할 수 있다고 하니 타고난 재능이 부족해 유명한 뮤지션이 되지 못하면 그 일이라도 할 수 있지 않을까 하는 생각에 위안이 되었다.

자퇴한 막내가 할 수 있는 방법은 대학의 실용음악과 진학을 목표로 음악학원에 다니는 방법, 입시에 중심을 두지 않고 전문학원에서 필요한 음악공부를 하는 방법, 개인 선생님에게 지도를 받는 방법이 있다고 말해주었다. 마지막 이야기를 들자마자 나는 선생님이 개인지도를 해줄 수 없는지 들이대었다. 이야기를 많이 나눈 사이는 아니지만, 항상 침착하고 평온한 태도로 사람을 대하고 다양한 동네일에 참여하고 있어 괜찮은 사람이 이웃이 되었다고 생각했고 음악살롱에서 레슨을 하거나 지역의 음악행사에서 역할을 맡아 하는 것을 보면서 음악에 대한 진심도 짐작할 수 있었기 때문이었다. 선생님은 자신이 기타 전공이 아니라 주저하다가 막내가 아직 고등학교 1학년 나이이니 기본이 되는 음악공부를 원한다면 한번 해보겠다고 조심스럽게 답했다. 과목의 상세한 내용은 내가 알 수 없었지만, 피아노, 작곡, 청음을 제안했다. 막내도 음악행사를 하면서 선생님을 알고 있었고 그리워한 만경강과 친한 친구들이 있는 고산에서 음악공부를 할 수 있다고 하니 넉넉히 동의했다.

음악만 공부하는 것이 불안해 검정고시학원도 다니자고 막내에게 권했다. 막내는 썩 내키지 않아 했지만 해보겠다고 했다. 딸이 다니던 학원은 없어져 오고 가기 불편한 다른 학원을 가야 했다. 등록하면서 실용음악을 하고 싶어 자퇴했다고 하니 그런 학생들이 검정고시를 많이 본다고 귀띔을 한다. 일반고를 진학한 후 뒤늦게 하고 싶은 것을 찾은 아이들이 선택할 수 있는 어쩔 수 없는 대안이 검정고시인 셈이다. 두꺼운 검정고시 문제집을 끼고 딱 한 주를 학원에 간 막내는 그만 다니겠다고 한다. 그 이유를 물으니 문제 푸는 것만 배우니 공부가 재미가 없다는 것이었다. 언젠가 들었단 말이다. 고입 검정고시학원에 다니던 딸이 한 말이었다. 그리고는 덧붙인다. '아빠 검정고시 봐야 할 때 조금만 공부하면 붙을 수 있을 것 같아. 그때 그냥 혼자 공부하면 될 것 같아' 아들의 말을 믿을밖에.

자퇴하고 얼마 간은 매우 신이 난 듯했다. 기타를 마음대로 칠 수 있고 음악공부도 중학교 친구들을 자주 만날 수 있었기 때문이리라. 또 학교 갈 일이 없으니 밤늦도록 컴퓨터 게임도 하는 것 같았다. 게임을 같이 하는 친구들은 학교에 다니니 공부에 방해가 되지 않을까 걱정이 되기는 했지만, 그 정도는 서로 알아서 할 것이라

간섭하지 않았다. 하지만 몇 번의 슬럼프 같은 것이 있었다. 같이 공부하는 친구도 경쟁하는 사람도 없고 음악 선생님이 숙제를 내주기는 했지만, 시험도 없으니 그 나이에 나태해지는 일이 생기지 않을 리 없었다. 선생님이 다독일 수 있을 때 그렇게 넘어갔지만, 도가 넘어서면 선생님이 연락을 해주어서 상의하면서 아이를 다독이고 마음을 잡을 수 있게 했다. 홈스쿨링도 쉬운 일은 아니구나 하는 생각이 들었다. 고산면에는 미디어센터가 있다. 음향, 영상, 컴퓨터 등 미디어와 관련한 장비가 있고 주민들을 위한 교육 프로그램을 운영하면서 소규모 극장에서는 정기적으로 영화를 상영한다. 코로나19로 인해 교육 프로그램과 영화 상영 등을 하지 못하자 '방구석 장기 자랑'이라는 사업을 만들었다. 전염병으로 서로 만나지 못하니 무엇이든 동영상을 만들어 채널에 올리면 이를 심사해서 상금을 주는 프로그램이었다. 막내가 친구들과 영상을 하나 만들어보겠다 했다. 제목은 '자가격리'인데 막내가 작곡과 우크렐라 연주를 하고 친구 한 명은

노래를, 다른 친구는 부엌도구로 박자를 맞추었다. 셋은
감염병 시대의 시골 청소년의 생활을 무표정으로 읊었
다.

　내가 약속이 없는 이유는 코로나 때문이야.

　머리를 3일 동안 안 감은 것도 코로나 때문이야.

　하루 종일 메이플만 하고 있는 것도 코로나 때문이야.

　아무튼, 그런 거야 사회적거리 두기야.

　코로나 탓이야, 네 탓 아니야.

　자가격리야 아무튼 그런 거야.

　코로나 탓이냐 네 탓 아니야.

　자가격리야, 사회적 거리두기야.

　내가 항상 혼자였던 것도 코로나 때문이야.

　내가 여자친구가 없는 것도 코로나 때문이야.

　따지고 보면 내가 못생긴 것도 코로나 때문이야.

　아무튼, 그런거야 이씨 ~ 흑

코로나 탓이야, 네 탓 아니야.

자가격리야 아무튼 그런 거야.

코로나 탓이냐 절대 네 탓, 아니야.

자가격리야, 내 잘못이 아니야.

막내팀은 2등을 했고 그렇게 막내는 코로나19 전염병 시대를 시골에서 안전하게 보내며 음악공부를 이어갔다.

음악선생님과 공부하기로 한 일 년이 거의 지나갔다. 다음 해가 되면 고등학교 3학년 나이가 되니 이후 어떻게 할지 결정해야 하는 시기가 된 것이다. 선생님과 이야기를 나누었다. 막내가 일 년 동안 열심히 공부했고 실력도 많이 늘었다고 칭찬을 하신다. '음악에 재능은 있는지요'라는 나의 우둔한 질문은 웃음으로 넘겼다. 선생님은 다시 세 가지 방법이 있다고 이야기해주었다. 음악을 접고 일반대학에 진학하는 방법, 실용음악대학에 진학하는 방법, 전문음악학원에 다니는 방법. 막내가 첫 번째를 선택할 리는 없을 것이고 세 번째를 가장 원할 것 같았다. 실용음악을 공부할 수 있는 전문학원은 많지 않고 모두 서울에 있었다. 막내가 세 번째를 선택하면 서울에 거주할 방을 구해야 하는 부담이 걱정되기는 했다. 막내는 이것저것 고민하지 않았다. 선생님과 나누었던 이야기를 전달하고 결정해야 한다고 하니 세 번째라 답하는데 몇 초의 시간도 걸리지 않았다.

선생님이 추천하는 학원이 있었는데 알아보니 오디션이 한 달 뒤로 예정되어 있었다. 그 학원은 외국의 유명한 음악대학과 연계되어 있고 그 학원에 들어가기 위해 별도로 준비한다는 그런 학원이었다. 이 분야에 대해 아는 것이 없으니 남은 기간 안에 오디션 준비가 가능한 건지, 입학할 가능성이 있는 건지 알 수 있는 게 아무것도 없었다. 어쩔 수 없이 음악 선생님에게 매달릴 수밖에 없었다. 선생님은 마치 자기 아이인 것처럼 오디션 준비를 해주었다. 비대면심사라 연주하는 동영상을 찍어서 보내야 했다. 과정은 이러했다. 막내가 작곡한 노래를 하나 선정하고 그 노래를 편곡한다. 전주에 있는 보컬 선생님을 섭외해 보컬을 MR처럼 녹음한다. 그 MR을 배경으로 막내가 연주하는 동영상을 찍는다. 음악 선생님은 이 과정을 계획하고 하나씩 꼼꼼히 진행했다. 마지막 동영상 제작은 동네에 있는 미디어센터 시설과 장비가 한몫했다. 결과는 합격이었다.

막내가 서울에 간 뒤 동네의 한 학부모는 기타 가방을 메고 자전거를 타고 다니는 뮤지션이 요즘 보이지 않는다며 근황을 물었다. 서울에 갔고 이러저러한 학원에 다닌다고 답하니 웃으며 '호호호, 조금 있다가 TV에서 보면 되겠네요'라 응원의 말을 건넨다. 막내는 일 년 동안 그 학원에 다닌 후 지금은 군복무를 하고 있다. 제대 후에 음악을 할지, 다른 진로를 선택할지 본인도 모르겠다고 한다. 자퇴 이후 뒤 막내는 최선을 다했고 하고 싶은 일을 후회 없이 했기에 군대에 가겠다는 선택과 그 이후의 선택도 그냥 믿기로 했다. 하지만 분명한 건, 막내가 무난히 여기까지 올 수 있었던 것은 우리가 좋은 동네에서 믿을 수 있는 이웃과 살았기 때문이었다. 혹시나 막내가 음악을 하지 않더라도 우리 아이는 고산의 푸른 산과 만경강, 그리고 자신을 보살펴주었던 어른들을 기억할 것이고 그 힘으로 무엇이든 잘 헤쳐나갈 것이다.

만학도의 돌봄본능

집사람은 영양사이다. 아니 지금은 아니다. 대학을 졸업하고 대학병원에 취업했으나 내가 풀무학교에 가면서 그만두고 아이를 키우면서 경력단절이 있었다. 안성에 살 때 보건소에서 임시직을 하고 완주에선 마을에서 운영하는 식당에서 매니저를 하기도 했는데 막내가 초등학교에 들어가자 요양병원에 취직해 영양사로 10년 넘게 일했다. 경력단절 탓에 어린 상사와 함께 일했지만 개의치 않고 병원에 다녔다. 서울에서 영양사를 할 때는 식품 분야의 특수대학원에 진학해 영양표시와 관련한 논문을 쓰고 석사학위를 받았고 직장을 다니는 와중에도 임상영양사 자격증을 따기도 했다. 그래서 나는 영양사라는 직업에 만족하는 줄 알았다.

나는 막내인데 어찌하다 보니 어머니와 같이 살게 되었다. 그래서 집사람이 내 어머님을 모시고 살았다. 그래서 장모님은 항상 불만이셨다. 형들이 결혼해 분가한 후 할머니, 아버지, 어머니, 나 이렇게 살다가 아버지 돌아가시고 할머니, 어머니, 나, 셋이 살았고 할머니가 돌아가신 후엔 어머니, 나 이렇게 둘이 살았다. 내 결혼이 늦었고 그래도 어머니가 경제활동을 하고 있으니 가족들은 어머니와 나의 동거를 자연스럽게 받아들였다. 박사과정 공부로 늦게 귀가할 때 어머니가 있는 식당을 들러 같이 집에 오기도 하고 내가 늦으면 TV를 켜놓고 졸고 있는 어머니 옆에서 이런저런 이야기를 나누기도 했다. 어느 날 어머님이 중고차를 사라며 돈을 주셨고 그 차에 모시고 병원도 가고 불공을 드리는 절에 가기도 했다. 형들은 내가 결혼하면 자신들이 어머님을 모시겠다며 걱정하지 말고 공부만 열심히 하라 했다.

집사람과 결혼을 하자 나의 늦은 결혼으로 유예되었던 시간이 끝났다. 내가 분가하면 어머니는 형제 중에 누군가와 함께 살아야 했다. 어머니는 원래 건강한 체질이 아니어서 소화기관과 심장 쪽의 통증을 안고 사셨다. 60대 초반에 교통사고를 당해 후유증이 있었고 이후엔 어느 날 갑자기 한쪽 눈의 시력을 잃으셨다. 가끔 집에 찾아오는 형들은 조금씩 기력이 없어지고 말귀를 알아듣지 못하거나 이치에 맞지 않는 이야기를 하는 어머니에게 화를 냈다. 왜 그러는지 나는 이해가 갔다. 나도 처음에는 그랬으니까. 작은 체구로 시어머니와 가부장적 아버지를 모시며 살았고 사형제를 모두 대학에 보낸, 언제까지나 그럴 것 같은 엄마가 노쇠해지는 모습에 당황스러운 것이었다. 그 당황스러움을 화내는 것으로 표현하는 것이었다. 반대로 어머니도 그런 형들을 불편하게 생각했다. 나는 어머니와 동거하며 어머니의 변화를 조금씩 지켜보았기 때문에 노쇠해지는 어머니를 이해했고 나도 화가 날 때가 있지만 참게 되었다.

화를 내는 형과 사는 게 불편하겠다고 생각한 것인지 어머니는 결혼하는 나를 분가시키고 혼자 살겠다고 하셨다. 어머니의 건강상 그렇게 할 수는 없었다. 어머니와 형, 집사람 사이에서 최적의 대안은 가까운 곳에 신혼집을 마련하는 것이었다. 장모는 젊은 날 공교롭게도 내가 살던 동네에 시댁이 있었고 그 시댁에서 혹독한 시집살이를 했다고 한다. 그래서 장모는 당신의 그 시절이 겹쳐 내가 살던 동네에 신혼집을 구하는 것을 극구 반대하셨다. 하지만 어쩔 수 없었다. 그렇게 집사람은 시어머니와 멀지도 가깝지도 않게 결혼생활을 시작했다.

내가 풀무학교에 가면서 어정쩡했던 유예했던 시간도 끝이 났다. 어머니는 건강이 더 나빠지셨지만, 여전히 혼자 살 수 있다고 말하는 건 형님댁으로 가는 것을 내키지 않았기 때문이다. 막 태어난 어린 손주를 보지 못하는 것도 애달파 하셨다. 형들도 경제적인 형편, 주택구조, 자녀들의 입시 등등으로 어머니를 모실 사정이 편안하지는 않았다. 나는 아버님이 시작해 어머니가 이어온 식당을 접자고 설득했다. 내가 초등학교 시절 시작한 수타짜장으로 알려진 중식당이었다. 다행히 아버지, 어머니를 이어 모시며 식당 운영을 함께 한 지배인 아저씨도 있었다. 그분에게 적절한 조건으로 식당 경영을 물려주면 되는 일이었다. 그렇게 이십여 년 동안 인생의 사슬처럼 묶여 있던 식당에서 해방된 어머님은 나, 집사람, 큰아이와 함께 홍성으로 이사했다.

어머니는 경북 문경 점촌에서 태어났다. 가세가 기울어져 세상을 등진 남편 때문에 서울로 무작정 상경해 시장에서 행상으로 세 남매를 키운 할머니의 맏며느리가 되기 위해 서울로 시집왔다. 평생 변변한 여행 한번 하지 못한 분이었다. 이사짐을 싣고 네 식구가 홍성으로 가는데 어머니는 '내가 충청도에 다 살아보겠네'하며 소녀처럼 좋아하셨다. 그런 어머님을 모시고 강원도 춘천, 충남 서천, 경기 안성, 전북 완주로 이사를 다녔다. 충남 서천에 살 때까지는 동네 할머니들과 어울리고 마실을 다니셨는데 전북 완주로 와서는 이웃과 소통하는 일을 줄이며 두문불출했다. 말씀은 없었지만 잦은 이사가 그리 달갑지는 않으셨으리라. 아마도 어린 세 남매의 어리광을 받아주는 것을 낙으로 삼으셨던 것 같다.

어머니와 함께 홍성에 가자고 했을 때 집사람은 나중에 그럴만한 상황이 되면 장모를 우리가 모시는 것을 약속해달라고 했다. 나는 그러겠다고 했다. 그 약속에 기대 집사람은 막내며느리이지만 긴 시간 동안 내 어머님을 모셨다. 회사를 창업하고 일이 많다, 출장을 가야 한다는 핑계 등으로 어머니와 관련한 거의 모든 일을 집사람에게 맡겼다. 처음에는 이런저런 불만을 이야기하고 울기도 했지만 그래도 묵묵히 그 일을 했고 어머니와 집사람도 서로 익숙해졌다. 창업한 사회적기업에 부침이 있었고 완주로 이사할 땐, 경제적으로 어려웠지만 포기하지 않고 내 어머니를 모셨다. 그러다 어머니가 쓰러졌다. 휴일이었다. 집사람은 당직이라 병원에 출근했고 아침을 먹은 후 식탁을 정리하고 방에 들어가니 어머니가 침대 한쪽에 어정쩡 비스듬히 기대여 계신 게 아닌가. 어머니를 부르니 대답이 어눌했다. 어머니를 업고 병원으로 달려갔다. 뇌출혈, 다행히 가벼웠다. 의사소통도 가능하고 약간의 불편은 있었지만, 거동도 가능했다. 그러나 앞으로 아무도 없는 집에서 같은 일이 생기지 않으리라는 보장이 없었다. 어머니는 혼자 있어도 괜찮다 했지만 어쩔 수 없이 집사람이 일하는 요양병원이 대안이었다. 집사람이 있어서 쉽게 결정할 수 있었고 어머니도 흔쾌하지는 않지만 받아들이셨다. 나도 안심이 되었다. 그래서 집사람은 자신이 일하는 병원에서 내 어머니를 돌아가실 때까지 모셨다.

어머니가 돌아가시면 집사람이 자신의 삶에 집중할 것이라 예상했고 또 그래야 한다고 생각했다. 그런데 큰아이가 대학을 가자 집사람은 간호학을 공부하고 싶다고 말했다. 관심으로 그냥 하는 공부가 아니라 간호대학에 편입하겠다는 것이었다. 그 나이에 다시 대학을 간다는 것이, 더구나 늦은 나이에 간호사가 되겠다는 것은 이해되지 않았다. 간호대학을 다니려면 직장을 그만두어야 했다. 간호학은 배워야 하는 과목도 많고 실습이 있어 직장생활을 병행하기 어렵다는 것이다. 아직 아이 둘이 더 대학을 갈지 모르는 상황이었다. 나는 받아들일 수 없었다. 며칠을 이야기하다가 결국 언성이 높아졌다. 집사람은 울면서 이렇게 말했다.

"나는 내 생각을 이야기하는데 왜 매번 나만 혼나는 것 같은 거야."

나는 그 뒤로 집사람을 설득하지 않았다. 스스로 포기할 것으로 생각했다. 간호학과 편입이 어렵다고 하니 안되면 단념할 것으로 생각했다. 집사람은 큰아이의 도움을 받으며 몇 개의 대학에 편입서류를 냈지만, 예상대로 합격하지 못했다. 나는 안도했다. 그런데 일 년이 지나 다시 입시를 준비하는 시기가 다가오자 이제는 1학년 신입생으로 간호대학에 가겠다 한다. 편입이 되지 않으니 4년을 공부하겠다는 것이었다. 말리지 않았다, 아니 말릴 수 없었다. 입학원서를 낸 대학 중의 한 대학이 50세가 넘은 아내를 거부하지 않았다. 그렇게 집사람은 군복무를 하고 복학한 큰아들, 반수를 한 딸과 함께 신입생이 되었고 나는 대학생 3명과 자퇴생 1명을 책임져야 하는 가장이 되었다.

김성원이라는 친구가 있다. 오래전 전남 장흥에 귀농해 여러 채의 집을 짓고 그 경험으로 집짓기 학교를 운영했다. 집을 지을 돈도, 계획도, 생각도 없는 사람들이 집짓기를 배우고 싶어 찾아오는 것을 보고 그는 사람들에게 건축본능이 있다는 걸 깨달았다고 말했다. 자신과 가족의 생명을 지키기 위해 동굴이든 집이든 지었던 경험이, 그래서 그걸 하면서 즐겁고 행복했다는 기억이 유전자를 통해 남아 있고 그래서 그걸 배우고 하고 싶어 한다는 것을 본능이라 표현한 것이었다. 그 이야기를 들으며 나는 더 다양한 본능을 상상해봤고 경작본능, 목축본능, 공작본능, 가무본능 등으로 확장했었다. 그래서 시골로 오고자 하는 사람들에게 농사를 짓더라도 평생 하고 싶은 것을 찾아 본능을 충족하는 삶을 찾아야 한다고 말하기도 하고 본능으로 하는 일은 인공지능과 로봇이 빼앗

아 갈 수 없을 것 같아 농업이 아닌 농사를 짓는 농부는 없어지지 않을 것이라는 글을 쓰기도 했다. 하지만 창의적이거나 몸을 쓰는 일만 본능이라 생각했었다. 집사람이 간호대학 입학을 준비하면서 이런 말을 했다.

"영양사는 병원에서도 의료인으로 취급을 하지 않아. 그냥 식당 관리자일 뿐이야. 나는 병원에서 다른 사람을 돌보고 싶단 말이야."

그때 내가 무언가 놓치고 있었다는 것을 알았다. 돌봄도 본능이구나. 이건 더 본능에 가까운 것이겠구나. 아무리 인공지능이 발전하고 로봇이 정교해지더라도 우리는 아이를 낳아 안아 키울 것이고 노쇠한 부모를 모실 것이며 나보다 어려운 사람이 있다면 도와줄 것이다. 어쩌면 인공지능과 로봇으로 돌봄본능은 더 필요하고 강렬해질지도 모를 일이었다. 미래에도 절대로 없어지지 않을 일이었다. 생각이 여기까지 미쳤을 때 오랜 시간 동안 시어머니를 수발한 막내며느리가 영양사를 그만두고 간호학과에 입학해 늙은 초보 간호사가 되려고 한 연유를 온전히 이해할 수 있게 되었다. 그리고 지금은 그녀를 진심으로 응원하고 있다.

시골 교육 인터뷰

이 인터뷰는 이 글의 주제와 같은 시골에서 아이를 키우는 것에 대한 지혜를 모으기 위한 것이었다. 나는 이분들을 만나 내가 놓치고 있는 것이나 다른 상황에 처한 시골에서의 교육에 대한 지혜를 얻었고 이를 시골 생활을 계획하고 있는 분들과 공유하고 싶었다.

풀무농업고등기술학교 박현미 교장

자기소개를 간단히 해주세요.

충남 홍성에 있는 풀무학교에서 수학을 가르치는 교사입니다. 졸업할 때 학교의 교수님이 시골 학교에서 교사를 찾고 있는데 자네가 좋겠다 해서 왔다가 25년째 홍성에 살면서 교사를 하고 있습니다. 수학을 좋아해 수학을 가르치는 선생님이 되고 싶었는데 이 학교는 보통의 수학 선생님보다는 함께 살면서 무언가 같이하는 그런 선생님을 원한다는 느낌을 처음에 받았어요. 그래서 저하고는 잘 맞지 않는다고 생각했는데 학교가 잘 포용해주어서 지금까지 학교에 있게 되었던 것 같습니다. 중간에 육아 때문에 휴직도 하고 학교에 계속 있는 게 고민이 되어 휴직도 했었는데 작년부터 교장을 하게 되었어요. 어쩌다 교장인 셈이죠.

'풀무학교는 이런 학교이다' 설명해주실 수 있을까요?

항상 어려운 질문인데요, 무교회 신앙에 바탕을 둔 학교라고 먼저 말씀드려야 할 것 같아요. 무교회주의는 1920년대 한국과 일본에서 전개된 교회 혁신운동으로 하나님의 말씀은 성경을 통해서만 주어지고 구원은 율법의 행위가 아닌 신앙에서만 이루어진다는 우찌무라 간조의 신앙과 주장을 따르고 있다. 그래서 교회의 의식, 전례, 신조, 교회당 등 제도적인 것에 매이지 않으며 신자는 성직자와 같은 인간적 중개 없이 하나님 앞에 독립적이고 자유로운 존재가 되어야 한다고 생각한다. 우리나라에서는 김교신과 함석헌이 대표적인 무교회주의자이다.

무교회 신앙의 가장 큰 특징이 개개인의 독립성을 강조하고 그래서 어떤 것이든 우상화하는 것을 거부해요. 학교에 처음 와서 이 부분이 가장 특이하다고 생각했어요. 그리고 65년이 된 오래된 시골학교이고 그것도 엄청 시골에 있고 학생 모두가 기숙사에서 생활해야 해서 이 학교를 꼭 다니고 싶은 아이들이거나 각오가 된 아이들이 입학하기 때문에 다른 학교와 많이 다른 분위기가 있어요.

정확히 하자면 풀무학교는 농업고등기술학교이잖아요. 농업학교인데 대안학교라고 생각하는 사람들이 더 많은 것 같은데 그 이유가 무엇일까요?

제가 90년대 학번인데요, 교육학 시간에 풀무학교를 대안학교의 사례로 공부했어요. 제가 선생님이 되고 대안학교를 시작하는 사람들이 학교에 무척 많이 찾아왔어요. 바깥에서 보기에는 일반 학교와 교육과정이 다르고 학생들의 자율성을 중요하게 여기고 생활교육을 하고 있고 입시 공부를 하지 않는다 해서 대안학교 혹은 대안적인 교육을 하는 학교로 읽혔던 것 같아요. 실제로 제도권 학교가 아니었기 때문에 교과이든 학교 운영이든 자유로웠고, 농업학교이니 입시를 중요하게 여기지 않았고 학생이 원하면 농업 분야가 아니라도 진로를 선택할 수 있어요. 다른 학교와 다른 부분이죠. 하지만 눈에 보이지 않는 측면도 있어요. 학교에 왔을 때 처음에는 아이들이 이렇게 공부에 신경을 쓰지 않아도 될까 하는 생각이 들었어요.

심지어 중학교 시절 배운 것도 잊어버리는데 굳이 알려고 하지 않는 거예요. 하지만 아이들이나 부모들이 교과공부보다 생활교육이라고 해야 할까 그쪽에 기대가 많아요. 부모들도 풀무에서 생활하면서 아이들이 많이 큰다고 이야기하고 학생들도 생활하면서 많이 배우고 성장한다고 이야기하더라구요. 대안학교로 알려진 건 이렇게 눈에 보이지 않는 부분도 있었다고 생각해요.

말씀하신 것 이외에 학교가 또 중요하게 생각하는 게 있을까요?

글쎄요. 스스로 선택하고 해결하고 그 과정에서 성취감을 느낀다고 해야 할까요. 그런 부분이 많아요. 기숙사 생활이 불편한 게 많거든요. 학교에서 제공하거나 배려해주는 것도 부족하죠. 아이들이 불편하고 힘들게 있으면 알아서 해결해요. 기숙사에서 선배와 후배가 한방을 쓰면서 같이 그런 문제를 해결하죠. 그 과정에서 사람과의 관계에 대해서도 경험합니다. 교과과정에서는 선택할 수 있는 부분이 많이 없지만 동아리나 방과후 활동은 선택의 여지가 많고 그런 활동은 대부분 학생이 알아서 해야 하니까 주체적으로 행동해요. 그리고 책임도 져야 한다는 것을 압니다. 그래서인지 다른 학교에서는 공부를 잘 하는 아이들이 중심이 되지만 여기에서는 그렇지 않아요. 수학을 못하는 아이가 농사지을 때는 펄펄 날아다니며 주도하죠. 그렇게 스스로 해결하는 것, 주체적으로 무언가를 하는 것을 배운다고 해야 하나. 풀무학교의 가장 큰 차이일 수 있을 것 같네요.

'풀무학교의 입학기준은 아무도 모른다'라는 말이 있어요, 어떻게 학생을 선발하나요?

예전에 입학 경쟁률이 높을 때 그런 이야기를 많이 들었지요, 목사 형제 중에 막내만 입학하지 못하기도 하고 이외의 인물이 입학하기도 하고. 선생님들도 학교에 잘 맞는 아이들을 뽑아야 할지, 이 학교에 다니는 것이 필요한 아이들을 뽑아야 할지 항상 고민이지만 매년 변하지 않는 명확한 기준 같은 것 없어요. 아이들은 자기소개서, 생활계획 등을 미리 제출하고 입학 전형일에 글쓰기와 면접을 해요. 학부모도 면접해야 합니다. 종교활동, 기숙사 생활이 기본이고 대학입시에 중심을 두지 않는 것 등등 풀무학교에 대해 잘 알고 입학하는 것인지 우선 확인합니다. 학부모 면접을 하는 것도 그 이유입니다. 아이한테는 단순히 학교가 아니라 생활을 하는 곳이라 여기서 살아보겠다는 의지가 있는지 확인합니다. 정확히 분석하지 않았지만, 학생면접이 가장 크게 영향을 미치지 않나 싶어요. 선생님 다섯 분이 면접을 보는데 비슷비슷한 평가를 받는 아이들의 경우 토론을 적게 하지만 선생님마다 평가가 다른 경우 이야기를 많이 합니다. 선생님마다 차이가 없는 아이가 무난하게 학교생활을 하더라는 경험치가 있기도 해요. 최근 경쟁률이 떨어지면서 학업적으로나 경제적으로 어려운 지역의 아이들에 대해 더 배려해야 하는 것이 아닐까 생각하게 되고. 아무튼 그렇습니다.

우리 아이가 중학교 다닐 때 컴퓨터를 끼고 살아서 디지털 기기를 일상적으로 사용할 수 없어 풀무학교에서 힘들어하지 않을까 했는데 잘 적응했어요. 지금도 여전히 디지털 기기를 사용할 수 없나요?

여전히 개인적으로 소유해 사용할 수 없어요. 아까 아이들이 스스로 선택하고 책임을 진다고 했잖아요. 언젠가 전체 회의에서 핸드폰을 쓰자, 말자 논의가 된 적이 있었어요. 논의 끝에 6개월을 써보고 다시 이야기하기로 했죠. 아이들이 그 동안 핸드폰을 마음껏 썼어요, 그래서 외부에서 이제 풀무학교도 다른 대안학교처럼 된다며 비아냥 같은 소리도 듣기도 했죠. 그런데 쓰고 나서 아이들이 안 쓰는 것이 좋겠다고 결정했어요. 사실 처음에는 학교에 올 때 핸드폰을 집에 두고 오게 했었어요. 그런데 실명인증이라든지 결제라든지 개인적으로 핸드폰이 꼭 있어야 가능한 일이 많아지니까, 핸드폰을 가방에 모아 서랍에 보관하면서 선생님의 확인을 받고 필요할 때는 쓰는 방식으로 바꾸었어요. 불편하기는 하지만 선배들이 써보고 그렇게 결정한 것이라 하니 받아들이고 있어요. 학교에 아이패드가 50여대 있어요. 수업시간에 필요하면 활용하죠. 일상적으로 개인이 늘 가지고 있으면서 사용하는 것에 대한 부작용이 있으니 그걸 방지하고자 한 것이고 아이들도 불편하지만, 장점이 더 많다고 생각하는 것 같아요.

우리 아이가 학교에서 제일 힘들어했던 일은 소소한 물건에 대한 도난 사건이 일어나면 그 일이 해결될 때까지 모든 활동을 중지하고 그 문제해결을 위해서 회의하는 것이었어요. 우리 아이는 그 회의를 너무 싫어했고 누군가 대신 자수하는 일도 일어난다며 합리적이지 않다는 말도 했어요. 지금은 어떤가요?

항상 학교에서 제일 힘든 일이었어요. 해결하지 않으면 계속 회의하고 그 과정에서 감정이 상하는 말들이 오고 가기도 하고 여학생들은 힘들어서 울기도 하고 그랬죠. 아이들이 생활하면서 발생한 문제이니 스스로 해결해야 한다는 원칙이 적용된 거죠. 회의를 주관하는 아이들은 아이들대로 욕을 먹고 뒤에서 구시렁대는 아이들은 아이들대로 있고, 사실 정돈된 방식은 아니었어요. 지금은 그렇게 하지 않아요. 세련되어졌다고 해야 하나. 아이들이 어려서부터 그런 훈련을 받았던 건지, 방법을 찾아냈어요. 예전처럼 무작정 이야기하는 것이 아니라 협의체를 만들어요. 그 협의체에서 언제 어떤 이야기를 어디까지 하자라고 정하고 회의를 하죠. 예전에는 어떤 이야기를 할 것인지, 뭘 결정할 것인지 명확하지 않으니까 말을 많이 하는데 결론은 나지 않고, 다음 날 다시 처음부터 이야기하고 그랬거든요. 협의체에서 오늘 결정할 사항은 무엇 무엇이니 자유롭게 의사를 이야기하자고 하죠. 그리고 그 회의에 나오지 않은 사람은 나중에 결정된 사항에 의견을 말할 수 없어요. 그렇게 처음부터 다시 이야기하는 것도 방지합니다. 작년에 도난사건이 다섯 번 있었는데 네 번은 그렇게 해결했고 한번은 끝내 해결이 되지 않았어요. 그러니까 협의체에서 해결되지 않은 이 일을 기억하기로 하자며 마무리 하더라구요. 이런 방식을 학교에서 알려주거나 지도하지 않았거든요. 그냥 '다른 아이들이 학교에 오는구나, 아이들이 달라졌구나' 하는 생각이 들더라구요.

기숙사 생활이 학생들에게 힘들기도 하고 교육적 효과도 있을 터인데 요즘 아이들의 기숙사 생활은 어떤가요?

우리 학교의 기숙사 시설이 아주 좋은 편이 아니고 선배, 후배 사이에 질서가 존재하는 공간이어서 힘들어하는 아이들이 여전히 있어요. 하지만 다른 학교에 비해 수업시간은 적고

반강제적인 자율학습 같은 것도 없어, 방과후나 저녁 시간이 자유롭고 함께 생활하면서 재미있는 일들을 만들어내요. 야시장을 열기도 하고 벚나무 밑에서 음악회를 하기도 하구요, 요즘 말로 하면 팝업이라고 해야 할까. 까페를 열고 전시회를 한다고 작가를 모집하기도 하고. 예전에는 그런 일들을 정해진 일정에 따라 교사가 제안하고 일처럼 이벤트처럼 했는데 지금은 일상처럼 스스로 만들어 즐겁게 합니다.

기숙사를 운영하고 아이들과 함께 생활하는데 교사의 부담이 크지 않나요? 예전에 제가 학교에 있을 때 교사들이 아이들이 아프면 병원도 같이 가고 용돈 관리를 해주고 일이 많아 보였어요.

　　예전보다는 나아졌어요. 최근에 오신 젊은 선생님에게 그렇게 무작정 아이들을 우선으로 해야 한다고 할 수도 없어요. 기숙사에도 사감 선생님이 있어서 역할 분담을 하고 있고 병원에 가는 일도 시간과 조를 짜서 운영하고 있어요. 하지만 가끔 곤혹스러운 일이 일어나기도 해요. 기숙사를 무단으로 이탈하는 그런 일 같은. 예전에는 학교나 선생님에게 불만이 있을 때 집단으로 스트라이크 하듯이 전체 혹은 한 학년 아이들이 없어지기도 했는데 그런 일은 이제 없어요. 작년에 남학생, 여학생이 둘이 같이 없어져 난리가 난 적이 있기도 했어요. 잘 해결되었지만 그런 일이 생기면 버겁다는 그런 생각이 들기는 합니다.

풀무학교를 졸업한 아이들의 진로는 어떤가요? 2000년대 초에는 거의 다 대학을 진학했던 것 같고 우리 아이가 졸업할 때 보니까 대학에 진학하지 않은 아이들도 많이 있던데요.

농업학교이지만 예전이나 지금이나 학생들이 원하는 방향의 진로를 선택할 수 있게 하는 건 변함이 없습니다. 그래서 여전히 풀무학교를 졸업했다고 해서 꼭 농업 분야로 진로를 찾아가는 건 아닙니다. 농업학교로 시작했으니까 초기에는 농사짓는 사람들이 많았어요, 대안학교로 알려지면서 다양한 아이들이 입학하고 누구나 대학을 진학하는 사회 분위기로 2000년대 전후의 졸업생들은 거의 다 대학에 진학했어요. 꼭 좋은 대학에 가도록 진학지도를 하지 않기 때문에 적성이나 하고 싶은 일과 관련된 학과를 보냈어요. 하지만 재작년, 작년 졸업한 아이들의 경우 50~60% 정도 대학에 가는 것 같아요. 사실 요즘 대학에 가는 게 어려운 일은 아니잖아요. 지역에 있는 대학은 커트라인도 낮고 국가장학금제도가 잘 되어 있어 경제적인 부담이 큰 것도 아니고. 그런데 꼭 대학에 가지 않아도 되겠다 다른 식으로 살아보겠다 하는 아이들도 있어요. 그렇게 생각하는 부모들도 많아지는 것 같아요. 그래서 마을과 지역에 남는 아이들도 있죠. 물론 원하는 대학을 하겠다고 재수하는 아이도 있고 심지어 현역으로 정시 수능시험을 보고 좋은 대학에 가겠다고 준비하는 아이도 있어요. 다양한 친구들이 들어오는 거죠. 그리고 이제는 학교가 다양한 아이들을 받아주고 가능한 만큼 수용해주어야 한다고 생각해요.

그렇게 좋은 대학에 가겠다는 아이들이 많아지면 풀무학교가 그동안 지향했던 전통 같은데 흐려지는 것이 아닐까 우려의 목소리도 있을 것 같아요.

그 부분도 학교 내부에서 많은 이야기가 오고 갔습니다.

풀무학교를 대학입시로 이용하는 아이들이 많아지는 것 아니냐, 그렇게 좋은 대학에 가려는 아이가 풀무답게 학교생활을 하겠느냐 등등. 제가 무교회 신앙을 잘 아는 것은 아니지만 어떤 우상화도 하지 않는 것이 참 훌륭하다고 생각해요. 그런 점에서 풀무학교도 그 자체가 우상화되지 않아야 한다고 생각합니다. 지난 50년 동안 학교가 무엇을 지향했을까. 무엇을 만들어냈을까, 앞으로도 무엇을 지켜야 하는 것일까. 저는 그런 것이 '꼭 이거야' 이야기할 수 없어도 되지 않을까, 그게 맞는 거 아닐까 그런 생각도 들어요. 굳이 지난 50년간 변하지 않는 게 있다면 학생, 교사, 교직원 모두가 학교에서 생활하고 있다는 거예요. 교내에 집이 없더라도 일상이 학교와 연결되어 있고 무엇보다 중요한 것은 어떤 일이 일어나면 모두가 내 일처럼 그 일을 해야 한다고 생각하거든요. 선생님이 해결하겠지, 교장선생님이 하겠지, 교육청이 알아서 하는 거야, 그런 게 아니라 학교에서 일어나는 모든 일이 교육의 소재가 되고 공부하는 내용이 됩니다. 아이들은 그 속에서 삶의 주인이 되는 것 같아요. 권력이나 부를 가지고 다른 사람보다 우위에 서서 주인으로 행세하는 것이 아니라 다른 사람과 도움을 주고 받으며 자신의 삶에 주인에 되는 것을 10대 후반에 경험하는 거죠. 다시 말해서 풀무의 아이들은 지금 생각하는 것이 바로 그 씨앗이고 그걸 3년 동안 학교에서 경험하고 이 사회에 나가서 주인처럼 살아야 한다는 것을 알게 되요. 그런 측면에서 좋은 대학에 진학한 아이도 학교생활에 부실했거나 학생활동에 참여하지 않았거나 그러지 않았어요. 그리고 그 친구가 정한 진로가 여느 다른 학교의 아이처럼 부모의 강요나 바램으로 결정된 것도 아니구요. 풀무에서 항상 그렇듯이 그 친구도 삶의 주인으로서 좋은 대학에 가겠다고 결정한 것이죠. 저는 그렇게 생각합니다.

조금 전에 이야기하기는 했지만, 풀무학교가 다른 학교와 다른 점, 농업학교이지만 대안학교로 인식되는 건 지금 말씀하신 내용이 아닐까 싶네요. 그런데 아이들이 학교에서만 생활하는 것이 아니라 지역사회와도 연결되어 있어 사람과의 관계나 삶의 주인이 되는 것에 더 긍정적인 영향을 미치고 있는 것 같아요. 풀무학교와 지역은 어떤 관계일까요?

개교 초기에는 지역에 아무것도 없었고 학교가 나서서 주민들과 함께 할 수 있는 일을 했던 것 같아요. 또 졸업생들이 적극 참여하고 주도해 나갔고. 그렇게 마을과 지역은 하나씩 기반을 만들어갔는데 학교가 그 중심에 있었죠. 지금도 역할이 남아 있구요. 그런데 학교는 학교라는 특성상 변화나 발전 이런 것이 좀 느리고 마을과 지역은 다이나믹하게 일하니까 지금은 예전 같지는 않아요. 게다가 지역과 더 밀접한 전공부가 생기니까 고등부는 교육에 조금 더 집중하는 느낌이 있습니다. 또 학교에 온 젊은 선생님들은 학교가 지역과 무언가를 해야 한다는 것을 당연하게 받아들이지 않는 분위기도 있는 게 사실입니다. 최근 지역에 많은 사람이 들어와 살고 있고 다양한 일을 하는 조직이 있어서 지역과 무언가를 하려고 할 때 신중한 측면도 있습니다. 게다가 코로나 펜더믹으로 3년간 아이들도 지역과 하는 일을 해보지 않아서 낯설기도 합니다. 마을과 지역의 역량이 이제 학교보다 더 높아져서 그런 일을 주도할 역량도 이제 부족하기도 합니다. 하지만 최근에 농업학교로서 지역사회에 아이들한테 모델이 되는 그런 일이 필요하지 않나 하는 이야기를 하고 있습니다. 예를 들어 학교나 지역의 방향에 맞추어 좀 느슨한 교육과정을 운영하거나 농업과 농촌 분야의 창업지원을 한다던지 그런 일이죠. 그런데 전공부도 있고 젊은 협업농장도 있고 홍동 밝맑도서관 중심으로 운영하는 평민마을학교도 있어서 뭔가 겹치는 것 같기도 하고, 그래도 무언가를 해야 할 것 같고 그렇습니다. 교육청에서 학교 건물을 지원해준다고 하고 농업 관련 시설도 지원하겠다고 하니 방향을 잡고 가야 하는데 수학선생이 교장을 맡은 시기에 그런 과제들이 쌓여있네요.

고등학교에 입학하는 아이들의 수가 줄어들고 있고 혁신학교가 대안학교의 프로그램을 수용하기도 해서 전체적인 대안학교의 경쟁률이 낮아졌다는 이야기를 들었어요. 대안학교의 미래, 풀무학교의 미래는 어떨까요?

아이들은 계속 들어오겠죠. 풀무학교가 다른 학교가 가지지 않는 장점은 분명히 있다고 생각하거든요. 공감하는 학부모나 학생들이 있을 거예요. 이제까지 그런 걸 드러내거나 홍보 같은 걸 하지 않았어요. 그래도 찾아오니까. 그런데 작년에 정원보다 지원자가 약간 많았어요. 정원보다 적어지면 모두 합격시킬 것이냐 하는 고민이 되더라구요. 저는 그러면 안된다고 생각해요. 공부하는 곳이 아니라 함께 살아야 하는 학교라서 그럴 수 있는 아이들은 뽑아야 한다고 생각합니다. 대신 이제 조금 더 적극적으로 풀무에 맞는 아이들을 찾는 일도 해야 할 것 같습니다. 내년에는 적어도 홍성에서 입학설명회할 때 다른 학교처럼 설명회에 참여하려고 해요. 교육청에 그렇게 부탁도 했어요. 하지만 전체적으로 학교가 어떤 방향으로 나아가야 하는지, 그걸 찾는다면 그게 맞는지 어떻게 알 수 있을지 고민되요. 내가 이제까지 학교에 해왔던 일을 망치는 게 아닐지. 그래도 20년 교사로 생활한 걸 믿고 추진해야 하는 건지, 뭐 해보고 아니다 싶으면 다시 바꾸면 되겠지 하는 생각도 있어요. 학교가 그럴 정도의 힘은 있으니까요. 학교에서 이런 이야기를 나누고 고민할 사람이 없는 게 답답하기는 하네요. 요즘 젊은 선생님들은 워라벨이 중요하고 학교의 발전방향 같은 것에 관심이 없어서. 아무튼 아이들은 들어오겠지만 학교가 변화해야 하는 건 맞는 것 같습니다.

끝으로 우리 아이는 학교에서 어떤 학생이었나요?

도예시간이 기억에 남아요. 수업시간에 기본적으로 성실하고 수학도 잘하고 성적도 챙기고 그랬죠. 도예시간에 보니까 손재주가 있더라구요. 나중에 보니 전시회 준비 같은 것도 잘하고 음악도 좋아하고. 이과적 성향을 가진 아이들이 생활에 있어서 이성적이어서 그런 아이이구나 했는데 이외로 예술형이었어요. 그 학년에 비슷한 아이들이 많기도 했구요. 그런 분야로 진학해서 잘 맞을 것 같아요.

고산고등학교 장격덕 교장

개인 소개를 간단히 해주세요.

저는 장경덕입니다. 전라북도에서 교사 생활을 했구요, 젊은 시절부터 교육운동을 했고 그래서 해직을 당하기도 했습니다. 정년까지 평사교로 일하다가 퇴직하려고 했는데 어떤 계기가 있어 고산고등학교에서 공모 교장으로 4년 임기를 마치고 다시 평교사로 일하다가 지금은 은퇴자의 여유로운 생활을 즐기고 있습니다. 공모교장은 승진에 따른 교장 임용방식이 아닌 공개모집을 통한 교장 임용방식으로 2007년 시범운영을 거쳐 2010년 법제화되었다. 교장 자격증이 있는 교육공무원을 대상으로 하는 초빙형, 교장 자격증이 없어도 교육경력 15년 이상이면 지원할 수 있는 내부형, 교장이나 교사 자격증이 없이도 지원이 가능한 개방형이 있다.

고산고등학교에 오게 된 특별한 계기나 이유가 있었나요?

주로 고등학교 사회과 교사를 하면서 다른 사람들은 어떻게 생각하실지 모르지만 제 나름으로는 대학입시에 꽤 자신 있는 그런 선생님이라 생각하고 있었어요. 그런데 40대 후반 즈음 되었을까요. 어느 순간부터 제가 잘하고 있나 그런 생각이 문득문득 들었어요. 좋은 선생의 역할이 무엇인지 고민하게 되었어요. 그즈음 경기도에서 혁신학교를 시작하고 이어 전라북도에서도 혁신학교가 만들어졌어요. 그걸 보면서 그래 입시 중심의 경쟁 교육은 아니구나, 내가 이제까지 했던 일은 좋은 선생님으로서 역할을 한 것이 아니구나, 생각했습니다. 그래서 혁신학교에서 일해보고 싶었고 마침 그 당시 있던 학교의 근무 기간이 끝날 즈음이어서 전주에 있는 혁신 중학교에 찾아갔습니다. 그 학교에서 혁신학교 담당도 하고 혁신부장도 했어요. 경쟁 위주의 교육에서 벗어나려고 하는 노력을 해봤어요. 다른 교사들도 협조적이었고 나름 여러 가지 시도를 했습니다. 그런데 늘 안타까운 것이 교육과정을 자유롭게 운영하지 못하는 것이었어요. 혁신학교이지만 틀에 짜여진 교육과정에 맞추어야 하고 새로운 것을 하려면 창의적 체험활동을 활용할 수밖에 없어서 아쉬었어요.

또 하나 아쉬웠던 것은 지역사회가 학교와 함께 할 준비가 필요했어요. 아마 제가 최초였을 건데 제 인맥을 동원해서 전라북도에 있는 시민단체 20여 곳에 혁신학교 프로그램에 참여해달라고 제안서를 보내 열 몇 곳이 참여하겠다고 했고 그 단체와 일회성이 아니라 짧으면 한 학기, 길게는 일 년간의 교육과정을 짜보자고 간담회를 하고 최종 7개 시민단체가 참여했어요. 하지만 그렇게 할 수 있는 충분한 예산이 학교에 없었고 시민단체도 준비가 안 되어 있었어요, 특강 형식의 교육을 해봤지만, 교육과정 전체를 계획하고 운영해 본 경험이 없었던 거죠. 그런 한계를 느끼고 있는데 고산고등학교가 공립형 대안학교로 전환하기 위해 내부형 공모교장을 뽑는다는 이야기를 들었어요. 교육운동을 같이 했던 선배, 동료들이 공모에 응해보라고 제안하기도 했구요. 내가 무슨 교장을 하느냐 생각이 들기도 했지만, 대안학교로 바뀌면 교육과정의 자율성이 늘어나고 예산도 충분하다는 것과 완주군 고산면의 경우 지역사회가 준비되어 있다는 점이 매력적이기는 했어요. 그때 존경하는 선배를 만났는데 그 선배가 '네가 지위로서 교장을 하라는 게 아니다, 역할로 교장을 하면서 교육운동을 하는 교사 한 명으로 학교를 바꿔봐라'라고 이야기했어요. 그 말이 맞는 말이었어요. 잘 된 건지, 아닌지 모르겠지만 심사를 통과해 고산고등학교 교장을 하게 되었습니다.

공립형 대안학교는 어떤 학교인가요?

대안학교의 개념이 워낙 넓어서 일률적으로 뭐라 할 수 없지만 90년대 공교육과 다른 교육을 시도하는 학교들이 생겨났고 그런 학교 중의 하나인 성지학교를 그 당시에 가봤어요. 전라남도 영광군에 있는 사립고등학교로 1975년 원불교 영산선원 중등부에서 시작해 1982년 고등학교를 설립했다. 우리나라 최초의 대안학교로 알려져 있다.

이런 학교가 다 있구나, 선생님 몇 분과 이야기를 나누어 보니 생계도 제대로 안 될 정도의 사례를 받으며 일하는 이런 선생님도 있구나, 하는 생각이 들어 개인적인 감동이 있었어요. 하지만 그 학교의 교육과정이나 학생활동과 관련한 이야기를 들으면서 머리를 얻어맞는 느낌이었어요. 기존의 공교육을 향해 그런 방식의 교육은 안 돼, 아이들을 망치는 거라고 이야기하는 것 같았어요. 처음에 공교육에서 이런 대안학교를 무시했지만, 점점 나름대로 의미도 있고 교육적 효과도 있다고 생각했던 것 같아요. 대안학교의 교육활동을 공교육을 끌어들인 것이 바로 혁신학교이고 그 혁신학교의 한계, 특히 교육과정의 자율성을 더 확대한 것이 공립형 대안학교가 아닐까 생각합니다.

공립형 대안학교의 교육과정은 어느 정도로 자유로운가요?

고등학교의 경우만 말씀드리자면 아이들이 3년 동안 이수해야 하는 단위가 204단위이고 180단위가 교과, 24단위가 창의적 체험활동으로 구성됩니다. 일반적인 일반계 고등학교는 180단위를 모두 보통교과로 구성합니다. 소위 직업계 고등학교, 요즘은 특성화 고등학교라고 하는데 180단위를 보통교과와 전문교과로 구분하고 보통교과를 66단위 운영하면 됩니다.

그러니까 전문적인 지식이나 기술을 습득하는 전문교과로 114단위를 채울 수 있는 거죠. 공립형 대안학교는 이 전문교과를 대안교과로 운영할 수 있습니다. 창의적 체험활동까지 포함하면 70% 가까운 교과과정의 단위를 학교가 자율적으로 활용할 수 있으니 이거 굉장하다, 해볼 만하다, 생각했죠. 공립형 대안학교는 법상으로는 특성화고등학교입니다. 다른 특성화고등학교는 정보, 기술, 승마 등등을 전문교과로 하는데 공립형 대안학교는 전문교과가 대안교육인 셈이죠. 이 제도는 2019년부터 없어져 전국에 고등학교는 5개, 중학교 5개가 있습니다. 특성화학교 제도를 활용한 공립형 대안학교이외에 교육법상 각종학교에 속하는 대안학교는 2012년부터 설립되어 총 22개가 있다. 이 대안학교는 공립형 대안학교보다 교과과정 운영에 있어 더 자유롭다.

실제로 고산고등학교에서 자율적인 교과과정 운영이 잘 이루어졌는지요?

　　보통교과를 66단위만 하면 되니 이 정도면 충분하다고 생각했는데 문제는 교사였어요. 기존의 공립학교에서 일하는 자격증 가진 교사들이 발령받아 고산고등학교에 오잖아요. 대한민국에 대안교과 자격증을 가진 선생님은 없고 전부 영어, 국어, 수학, 사회, 과학 선생님인데 전공 교과 수업만 할 수 없는 거예요. 그래서 원래 있던 분들, 새로 오신 분들 모두에게 영어 선생님이 영어만 가르칠 수 없다. 다른 대안교과를 맡아야 한다고 이야기했어요. 그런데 일주일 내내 자신의 전공 교과와 관련이 없는 교과를 가르치게 할 수는 없었어요. 그래서 절충한 것이 보통교과 97단위, 대안교과 83단위가 되었죠. 공립형 대안학교로 전환하는 과정에서 전국에 있는 공사립 대안학교를 많이 다녔거든요. 각 학교의 교과과정을 다 분석하고 제도적인 틀 안에서 그나마 현실적이라 판단했어요.

교과과정의 개편 이외에 공립형 대안학교로 전환하면서 다른 어려움은 없었나요?

고산고등학교가 조금 특이했던 것이 대부분 공립형 대안학교는 신설이었어요. 폐교에 개축하거나 아예 부수고 새로 짓거나. 고산고등학교는 학교를 운영하면서 전환한 아마 전국 최초의 유일무이한 사례일 겁니다. 오죽하면 제가 기숙사 개관하는 날, 전쟁과 같은 날들이었고 너무너무 힘들었다고 이야기 했을까요. 보통 신설 학교의 경우 250억원 정도 들어간다고 하고 개축의 경우에도 150억원 정도는 필요하다고 하는데 중앙 투자심의를 받지 않기 위해서 100억 원으로 예산을 짜야 했어요. 기존 건물 리노베이션해야죠, 기숙사와 작업장 새로 지어야죠, 그 당시 교육감은 도로는 아스콘이나 콘크리이트는 절대 안된다. 사구석이라고 유럽에 있는 오래된 도시에서 사용한 네모난 작은 돌로 도로를 만들어야 한다는 거예요. 사구석 포장은 비싸거든요. 교육감은 직접 만나서 사구석 포장에 쓰는 돈을 학교 건물의 인테리어에 활용해 대안학교의 철학에 맞는 학교를 만들고 싶다고 말씀드렸어요. 교육청 공무원들은 절대 안된다 했는데 교육감은 '그렇게 하세요' 간단히 대답하시는 거예요. 그렇게 적은 예산으로 어찌어찌 꾸려나갔습니다. 하지만 발주처가 교육청이다보니 공사업체가 학교의 이야기를 귀담아 듣지 않아요. 싸움도 여러 번 하고 그랬죠.

무엇보다 아이들한테 미안했어요. 수업하면서 공사를 진행했기 때문에 비닐치고 한쪽에서는 수업하고 다른 쪽에서는 공사를 하고 특히 대안학교로 전환하기 전에 입학한 학생들은 자신들과 상관없는 일이고 공사잖아요. 후배들을 위해 감수하는 건데 그 아이들이 그 공사판에서 공부한다고 고생하고 힘들어하는 것을 보니까 눈물이 나더라구요. 선생님을 모셔오는 것도 힘들었어요. 대안학교 교사나 전문가를 만나보니까 교장과 철학이 맞는 선생님이 있어야 한다고 조언하더라구요. 그런데 기존의 계시던 선생님, 취지를 모르고 발령받은 선생님과 일해야 했어요. 교육청에 찾아가 인사규정의 특례를 한시적으로 적용해 달라고 요청했어요. 기존에 있던 분들이 대안학교와 맞지 않는다면 다른 학교로 갈 수 있게 하고 다른 학교에 1년 이상 근무한 교사 중에 우리 학교에 오겠다면 올 수 있게 하는 것이었어요. 전환 이후 2년간 그렇게 했어요. 그래서 많은 분이 새로 오실 수 있었어요. 하지만 그중에는 의지는 있었지만, 대안학교 교사로서 준비가 미흡한 분도 있었고 스트레스를 많이 받는 분도 있었죠. 공교육의 교사 인사체계 안에서 대안학교에 맞는 좋은 선생님을 만나는 것도 힘든 일이었어요.

그래도 보람있는 일도 있었겠지요?

교장공모 심사 때 어떤 분이 질문을 했어요. 임기가 끝나고 고산고등학교를 떠날 때 어떤 학교가 되어 있기를 기대하느냐 하고. 제가 주저하지 않고 이렇게 이야기했어요, 학교가 좀 들썩들썩하면 좋겠다, 애들이 신나는 그런 학교가 되었으면 좋겠다. 제 판단이지만 그건 어느 정도 이루어지지 않았나 싶습니다. 아이들이 행복해했다는 것이 가장 큰 보람이었던 것 같습니다.

어려운 일을 맡아 고산고등학교를 대안학교로 잘 전환해주신 것 같아요. 그 과정에서 가장 중요하게 생각한 것이 있다면 무엇일까요?

제가 여기저기에서 많이 이야기했는데요, 교장에 관심이 없던 제가 고산고등학교에 간 것은 고산에 그 학교가 있기 때문이었어요. 만약에 고산이 아니었으면 저는 엄두도 안 냈을 겁니다. 고산에 살고 계신 분들과 교육에 대한 철학이 비슷했어요. 평교사 시절 마을교육공동체 운동에 관심이 많았고 고산에서 학부모와 지역주민이 관련된 노력을 하고 있다는 것을 듣고 알고 있었어요. 교장 공모때 제출한 운영계획서에도 '지역사회와 함께 하는 마을교육공동체'가 제가 지향하는 학교의 상이라고 썼어요. 교장이 되고 나서 학교의 교육목표, 철학 등등을 선생님들과 상의해서 바꾸면서 나중에 다른 건 바꾸어도 되지만 마을과 함께 하는 학교는 바꾸지 말자고 선생님들에게 부탁했어요. 마을교육공동체의 대표적인 프로그램이 LTI라 할 수 있는데 고산에 계신 분들이 돈도 되지 않는 그 프로그램에 참여해 많은 걸 해주셨어요. 학부모와 지역에서 도와주셔서 중요하다고 생각한 것을 고산고등학교에서 실현해 볼 수 있었습니다.

LTI가 무엇인가요?

런링스루인턴쉽Learning Through Internship의 약자이구요, 미국의 공교육 개혁의 모델이라는 매트스쿨에서 활용되었다고 해요. 인턴이라는 말이 들어가 오해가 많았어요. 적당히 다른 단

어를 쓰려고 하다가 적당한 말이 없어서 그냥 LTI를 썼더니 마치 직업을 정하고 그와 관련된 기술을 배우는 것으로 오해했어요. 저는 기술을 배우는 것이 아니라 사람을 배우는 과정이고 생각했고 그렇게 이야기했어요. 사람을 만나고 사람을 관찰하고 사람을 배우는 것이다, 마을에 살고 있는 어른들의 삶을 관찰하는 거다. 이 프로그램이 일주일에 5시간이예요. 텔레비전이나 동영상을 보면 젊은 사람들이 대기업에 실장이다, 본부장이다, 더 나아가 CEO예요. 아이들은 그렇게 되어야 한다고 생각하기 쉽죠. 동네에서 미장원하는 분, 커피숍 하는 분, 중국집 주인, 농부 이런 분들이 마을에서 어떻게 살아가고 있는지를 배우고 그런 분들도 다 열심히 살고 계시고 나름대로 자신들의 삶이 있고, 저는 그걸 알게 해주고 싶었어요. 시골이지만 그런 분들이 인생의 낙오자가 아니고 아이들의 미래가 될 수 있는 거잖아요. 더구나 고산지역에 귀농귀촌하신 분 중에는 깊은 생각을 가지고 오신 분들도 많이 있어서 좋은 영향을 줄 수 있는 분들도 많았어요. 한학기 동안 오후 종일 마을주민이자 선생님을 만나는 프로그램이예요. 고산지역이 그렇게 독특한 지역이 아니었다면 꿈도 꿀 수 없는 프로그램이었고 애정을 많이 쓴 프로그램이었습니다.

제가 교장선생님을 보면서 인상 깊었던 것은 등교하는 학생들과 일일이 허그하시는 거였어요. 그건 왜 하신 건가요?

　제가 철이 없어서... 여학생들까지 정말 꼭 안아주고 싶었어요. 민감한 나이라 어떤 여학생들은 폭 안기기도 하지만 어떤 아이들은 엉덩이를 쭉 빼고 안기는 척만 하고, 나중에 그런 아이들은 어깨를 토닥해주기도 했죠. 여러 가지 의미가 있었습니다. 아이들에게 사랑한다는 것을 표현하고 싶기도 했고 소중한 존재라고 말하고 싶기도 했고 또 힘들고 어려운 아이들이 많았거든요. 그런 아이들은 집이나 학교에서 존중 받아본 경험이 별로 없어요. 그 아이들한테 나를 안아주는 사람도 있구나 하는 것을 느끼게 해주고 싶었어요, 한편으로는 미안하기도 했어요. 특히 대안학교 전환기에 있던 일반고 아이들은 혜택도 받지 못하는데 힘들게 하는 것 같아서요. 뭐 딱 한가지 이유가 아니라 복합적으로 ... 그랬습니다.

교장을 마치시고 학교에 가보신 적이 있으신가요?, 어떠셨나요?

학교 협동조합 개소식할 때 학교에서 초청을 해주어서 갔었구요, 아무도 모르게 그냥 보고 싶어 일요일, 혹은 방학에 아무도 없을 때 가본 적이 있어요. 그냥 마음이 끌릴 때가 있었어요, 실내는 들어가지 못하고 학교 한 바퀴 둘러 보고...

고산고등학교 아이들의 진로는 대개 어떠했나요?

대학에 진학한 아이들도 있고 동네나 전주에서 아르바이트하는 아이들도 있고 이것저것 고민하는 아이들도 있고 그런 것 같아요. 고등학교를 졸업하면 꼭 무언가를 해야 하는 것 아니라고 생각해요. 예전에 사립 대안학교를 방문한 적이 있는데 교장선생님이 대한민국에서 고등학교를 졸업하고 선택할 수 있는 진로가 대학 말고 무엇이 있냐 이야기하더라구요, 그럴 거면 왜 대안학교를 만들었는지 이해가 되지 않았어요. 사실 대학을 진학하는 아이들 모두가 진로가 확고하게 정해져서 학과나 전공을 선택하는 것도 아니잖아요. 누구나 다 가니까, 마땅히 다른 선택이 없어서, 어떤 경우에는 유예기간 같은, 고산고등학교 졸업생 중에 는 대학에 가지 않고 지역에 있는 협동조합에서 일하기도 했고 한 친구는 다른 지역에서 왔지만, 고산에 남아 마을활동을 하기도 했어요, 저는 그런 경우를 의미있게 생각했습니다. 더 나아가 그 마을이 꼭 고산 혹은 시골이어야 할 필요는 없거든요. 서울에 가더라도 고산고등학교를 다니면서 배우고 경험하고 느꼈듯이 다른 사람들과 관계를 맺으며 살면 된다고 생각했어요. 그게 고산고등학교가 대안학교가 된 진짜 이유이죠.

지역의 인구는 점점 줄어들고 앞으로 시골학교의 미래를 어떻게 보세요?

학교가 마을이나 지역에 중심이고 발전에 큰 역할을 할 수 있으니 작은 학교는 없애지 않아야 된다고 처음에는 생각했어요. 그런데 한 학년 학생 수가 3~4명 되는 상황이 아이들한테 도움이 되는 건지, 그래서 통폐합에 무조건 반대할 수 없었어요. 대안으로 캠퍼스학교라고 면 단위나 조금 넓은 단위에 있는 학교를 각기 특별한 기능을 할 수 있도록 만들고 버스로 연결하면서 운영하는 것도 이야기가 되고 있고 농어촌 유학으로 도시 아이들을 받아들이는 사례도 있지만, 학교만 노력한다고 해결할 수 있는 문제가 아니어서 해결하기 어려운 문제인 것 같아요. 지역 전체로는 학교와 지역이 선순환으로 연결되어 있어서 무언가 해답이 있을 것 같기도 하고 안 그러면 더 빨리 시골의 학교는 없어지거나 교육의 질도 낮아질 거라. 고산고에서 기대했던 모습 중의 하나는 졸업한 아이들이 마을 청년으로 자라서 또 다른 마을교사가 되는 것이었어요. 그런 일을 기대해 봤어요. 그렇게 지역과 학교가 서로 발전하는.

교육활동을 하는 고산의 협동조합에서 고산고등학교를 졸업한 아이들의 지역 정착을 도우려고 프로그램을 운영한 적이 있어요. 끝나고 나서 물어보니 거의 다 큰 도시로 가고 싶다고 하더래요. 그런데 이렇게 이야기하더랍니다. '이 프로그램을 참여하고 하니 지역에 돌아와도 괜찮겠구나 하는 생각이 들었어요. 그걸 알았기 때문에 도시에 나가서 더 잘 도전해 볼 수 있을 것 같아요' 그 이야기를 듣고 아이들에게 시골에 남아라 이야기하는 것이 무리일 수 있겠다고 생각했어요.

아이들에게 여러 선택지를 주고 생각하고 고민하게 하는 것이 어른들의 몫이 아닐까 싶습니다. 그런 관점에서 다른 선택지 없이 진학 중심으로 이루어지는 우리 교육의 미래에 대해 어떻게 생각하시나요?

안타까운 것은 교육 문제를 교육 자체로 바라보는 것이예요. 교육은 사회 전체와 연결되어 있잖아요. 무슨 문제가 생기면 학교와 교사에게 모든 책임을 묻는 분위기는 바뀌어야 합니다. 교육과 학교를 바꾸려면 사회가 바뀌어야 해요. 학교가 대학에 가기 위해 성적을 받는 곳이고 그 성적으로 일류 대학을 나와야만 일류 직장에 갈 수 있고 그래야 살아남는, 그런 상황이 강요되고 유지되는 한 교육정책을 아무리 바꾼다고 나아질 것 같지 않습니다. 그래서 좀 회의적이기는 한데요, 마을교육공동체 운동에 대안이 될 수 있다고 생각해요. 교육이 진학 중심으로 변하고 학교가 서열화되는 이유는 그 서열에 뒤처지지 않아야 안정적으로 살 수 있다고 생각하는 것이잖아요. 마을교육공동체를 통해서 흔히 이야기하는 번듯한 직업을 갖지 않아도 마을, 공동체 안에서 차별없이 합당한 대우를 받으며 살 수 있다, 어쩌면 더 행복하게 살 수 있다고 하면 굳이 좋은 대학에, 서울로 갈 필요가 없어지지 않을까요. 독일의 경우 직업 간의 소득, 대우 등이 크지 않고 사회가 안정되어 있으니까 청소년 시기에 우리 같으면 일반계, 실업계 등을 진학할 학교를 아이들을 오랫동안 가르치고 관찰한 교사가 정해주는데 문제가 되지 않아요. 그래서 독일의 교육계는 진학을 넘어서는 가치를 지향하고 있더라구요, 교사로서 매우 부러웠습니다. 그래서 고산고등학교에서 '마을과 함께하는 학교'를 교사들에게 강조했고 LTI와 같은 프로그램을 중요하게 생각했어요. 마을교육공동체는 학교뿐 아니라 지자체와 함께 가야 하는 건데 초기에 정치인들이 학부모의 표를 생각해서 시작한 측면도 있었을 것 같아요. 하지만 교사가 지자체에 파견도 나가고 교사와 지자체 공무원이 같은 사무실을 쓰면서 다양한 정책을 만들고 협업하기도 하는 여러 좋은 사례가 만들어졌거든요. 더 많은 지자체가 마을교육공동체에 관심을 가졌으면 합니다. 그렇게 사례와 경험이 모이면 교육도 학교도 지역도 바뀌지 않을까요.

마지막 질문입니다. 우리 아이는 어떤 아이였나요?

　　다양한 면을 가진 아이였던 것 같아요. 분명 안에 무엇인가 있는데 어떨 때는 밝고 어떨 때는 소심하고 사람과의 관계에 조심스러운 듯하고. 학생 중에는 등짝을 때리고 안아주고 그래도 자연스러운 아이들이 있는데 제가 대하기 늘 조심스러운 아이였어요. 그렇다고 항상 내성적이고 소극적인 것은 아니고 리더쉽도 있고 일을 맡으면 적극적이고 능동적으로 잘 하더라구요. 어쩌면 내면에 고민이 많아 그럴 수 있겠다, 무언가 계속 자신에 대해 물음을 던지고 있나 보다 그런 느낌의 아이였어요. 그런 아이들이 늦게 발동이 걸려도 진중하게 뭐든지 해나갈 겁니다.

고산향교육공동체 박현정

개인 소개를 간단히 해주세요.

저는 전주에서 태어나고 자라 결혼했고 아이들 교육을 위해서 전주에서 완주군 고산면으로 이주해 13년째 시골에서 사는 여성이자 엄마입니다.

아이교육 때문에 시골로 이주를 하셨어요, 아이들을 시골 학교에 보내려고 한 이유는 무엇인지요?

큰 아이는 처음에 도시에 있는 학교에 다녔어요. 그런데 초등학교 때부터 주위에선 과외에, 학원에 가르치는 게 많았어요. 경쟁을 피할 수 없기는 하지만 초등학교 때라도 경쟁하지 않고 놀면서 학교에 다닐 수 있게 해보자. 그런 생각이었습니다. 솔직히 이야기하면 시골로 도망을 온 거죠. 중학교에 가면 다시 경쟁하게 되겠지만 그 당시 초등학교 때부터 과외를 하고 학원을 보내는 건 경제적으로도 힘들기도 했어요. 아이도 그렇고 저도 그렇고 시간을 유예하고자 했어요.

완주군 고산면의 삼우초등학교를 어떻게 알고 오게 되었나요?

공부를 시키지 않는 시골 학교를 찾고 있었어요. 완주군에 있는 찻집을 하는 사장님을 환경동아리에서 알게 되었는데 그 찻집 근처에 공부시키지 않고 아이들을 놀리는 그런 학교가 있다고 알려주었어요. 그런 줄 알았죠.

삼우초등학교는 원하던 그런 학교였나요?

교육 쪽에 관심을 크게 가지고 있지 않아서 그냥 시골 학교라고 생각했는데 아이를 보내고 이런 학교가 다 있네 하는 생각을 했어요. 학교에서 다른 학교에서 하지 않는 다양한 시도를 하는 거예요. 예를 들어, 오전 4시간 각기 다른 과목 수업을 하는 것이 아니라 1, 2교시, 3, 4교시를 묶어 수업하거나 학기 중간에 프로젝트 수업을 하기도 하고 매주 월요일 아침에는 아이들이 조용히 차를 마신다던가 학부모들이 동화책을 읽어 주는 시간도 있었어요. 학교 건물부터 달랐어요. 아이들의 주로 생활하는 교실은 1층에 있고 어른들의 공간이나 특별실이 2층에 있고 교실은 운동장에서 현관을 통하지 않고 직접 들어갈 수 있었어요. 교실의 반대쪽은 도서관이죠. 도대체 이런 생각을 한 사람들이 누구일까? 대단하다는 생각을 했죠. 이 학교는 제대로 가르치고 놀기도 하는 그런 학교였어요.

삼우초등학교에 매우 만족하셨네요. 그래서 둘째도 같은 학교에 보내신 거네요.

　　그랬죠. 아이도 아이이지만 저도 공부를 좀 깊게 하게 되었어요. 시골 학교에 아이를 보내고 저도 좀 자유롭게 쉬려고 했는데 뭔가 새로운 것을 알게 되면 그게 내 삶이랑 연결되고 그러잖아요. 전혀 몰랐던 생소한 학교를 알게 되어 아이들을 잘 키운다는 것, 좋은 교육은 무엇일까 알고 싶어졌어요. 그래서 학부모들과 책을 읽고 토론도 하고 공부를 했어요. 공부하니까 용기가 생겼어요. 아이의 이런 생활을 초등학교뿐 아니라

중학교, 고등학교까지 이어가게 하고 싶다. 그런 생각을 하게
되었어요.

그래서 결국 아이들 모두를 고등학교까지 시골 학교에 보내게 되었
군요.

　　큰아이는 초등학교 1학년에 전학을 왔으니까 초등학교,
중고등학교 11년, 둘째 아이는 유치원까지 포함하면 15년을 시
골 학교에 다닌 셈이죠.

초등학교뿐 아니라 중학교, 고등학교까지 시골 학교에 보내기 위해
서는 무언가 큰 결심, 혹은 사고의 전환 같은 것이 있었을 것 같은데
요.

　　큰 아이가 초등학교 5, 6학년이 되었을 때 고민이 되는 거
예요. 그래서 삼우초등학교와 같은 다른 지역에 있는 중학교
를 찾아봤어요, 아이를 위해 유목민이 되고자 한 것도 아닌데
그렇게 생각을 했어요, 그런데 학부모들과 공부를 하고 모임
을 하면서 내가 굉장히 이기적인 생각을 하고 있다는 것을 깨

달았어요. 우리 아이만 잘 키우겠다고 교육을 시장에서 물건 고르듯이 쇼핑하고 있는 거예요. 그 이기심이 양심에 걸리기도 했어요, 이렇게 이기적으로 살지 않아야 하겠구나, 이건 아이들한테도 좋지 않은 일이라 생각하게 되었죠. 동네에서 학부모들과 같이 고민하고 노력해볼 수 있지 않을까 하면서 말이 되지 않는 일을 시작하게 된 거죠.

동네에서 고민하고 노력해볼 수 있지 않을까 하는 의미가 무엇일까요. 또, 말이 되지 않는다는 뜻은 무엇일까요?

이렇게 초등학교 6년 동안 아이들이 지낸다고 해서 삶이 변하지 않겠다. 그거야말로 더 고통스러울 수 있겠다는 생각이 들었었어요, 도시에 있는 중학교, 고등학교로 가서 경쟁하고 결국 사회로 나가 또 경쟁하면서 살겠지요. 아이들이 그냥 시골 학교, 시골 동네의 맥을 그대로 이어가도 되지 않을까, 초등학교에서 교사, 학부모들이 시작한 무모함 모험을 동네의 중학교, 고등학교까지 한발 한발 더 내디딜 수 있지 않을까 그렇게 생각했어요. 그런데 그 일이 진짜 어려운 일이었어요. 무모

했던 거죠. 내가 할 수 있는 일도 아니고 학부모들이 똘똘 뭉친다고 가능한 일도 아니고. 여기까지 오기는 왔지만 어쩌면 운이 좋았던 것 같아요.

그럼 아이들이 고등학교를 마치고 수도권이나 대도시로 가지 않고 동네 혹은 지역에서 살 수도 있고 그게 오히려 행복할 수도 있겠구나 하는 생각까지 했었던 건가요?

　　<웃음> 처음엔 그런 생각을 하지 못했어요. 초등학교 6년이 아니라 중학교, 고등학교까지 시골에 살면서 기존의 도시의 학교와 다른 교육, 다른 문화를 경험하면 조금은 다르게 살 수 있지 않을까 기대한 것 같아요. 하지만 저도 아이들을 키우며 시골에 살면서 일을 하다 보니 아이들도 꼭 도시로 가지 않아도 되겠구나, 시골에서 사는 것도 나쁘지 않겠구나, 아이들이 모두 도시로 갈 필요는 없겠다, 그런 생각도 하기는 했어요.

그래서 삼우초등학교 학부모들과 동네 중학교인 고산중학교에 보내자고 했는데 면소재지에 있는 고산초등학교 학부모도 동참했는데

우연이었나요, 서로 교류가 있었나요?

　2011년에 완주군 귀농귀촌지원센터에서 귀농이나 귀촌한 사람들과 살고 있는 사람들이 모여 뭐든지 하면 소액을 지원하는 사업이 있었어요. 그때 고산초등학교 학부모들을 만났는데 1년 동안 재미있게 놀았어요. 그런데 비슷한 고민을 하는 거예요. 전주의 중학교에 보내는 것은 번거롭고 동네 중학교에 보내고 싶지만 보내도 되나 싶고. 그래서 그냥 같이 동네 중학교에 보내보자고 꼬셨죠.

그래도 동네학교 보내기 운동까지 확장하는 건 쉽지 않은 일이었을 것 같은데요.

　여러 일이 겹쳐서 가능했던 것 같아요. 원래 고산에 초등학교가 4개 있었어요. 하나는 오래전에 폐교가 되었고 삼기초등학교와 어우초등학교를 폐교해 고산초등학교로 통합하려고 했는데 그래도 한 개 학교를 남겨 두 학교의 글자를 합쳐서 삼우초등학교를 만들고 혁신학교가 될 수 있도록 노력한 목사님이 계셔요. 엄청 애를 쓰셨어요. 그래서 삼우초등학교가 만들어졌고 좋은 선생님이 공모형 교장으로 오셨고 좋은 학교가 되었어요. 삼우초등학교에 아이들을 보내기 위해 전주에서 혹은 먼 지역에서도 이주하고 학교 근처에 새로운 집들이 지어지니까 목사님이 학교를 살리면 지역도 살릴 수 있다고 생각하신 거죠. 그래서 삼우초등학교 교장을 설득했어요. 삼우초등학교 하나로는 안된다. 고산면의 있는 학교를 다 움직여야겠다. 새로운 학교라 학교 일도 많고 공모형 교장은 더 힘든데 다른 학교의 선생님을 만나러 다니고 저는 그 심부름하고 그랬죠. 거기에다 완주군에서 읍면별로 장기발전계획을 세우는 사업을 시작했는데 교육분과가 생겼고 그렇게 모였던 사람들이 이 분과에 다 참여하게 되었어요. 이제 군청과도 연결이 되어서 그만 들 수도 없고 그렇게 고산향마을교육공동체라는 학교, 학부모회, 지역단체가 참여하는 연대조직이 만들어졌어요.

고산향마을교육공동체 활동을 하면서 어려웠던 점이나 보람을 느껴졌던 일이 있었나요?

　　어려웠던 건 어디에서 배울 곳이 없는 거예요. 그래서 초기에는 홍성의 풀무학교에 갔었어요. 그런데 거기는 오랜 기간 마을과 지역이 함께 해 온 전통이 있고 마치 신화처럼 존재하는 곳이라 이런 곳이 다 있네, 감탄하고 돌아왔죠. 막 시작했고 민관학이 다 모여 무언가 하려고 하는데 스스로 방법을 찾아야 했어요. 힘들 때마다 이걸 왜 하고 있지 그런 생각도 들고. 민관학이 서로 관점과 일하는 방식이 달라 어려웠던 것 같아요. 차차 조금씩 나아졌지만, 항상 힘든 일이었어요.

　– 모든 일이 보람이었어요. 고산중학교에 진학하는 아이들이 많아져서 한 반이었던 한 학년이 두 반이 되고 고산고등학교는 전라북도에서 유일한 공립한 대안학교가 되고 처음에 생각했던 것보다 많은 일이 일어났어요. 지역이 바뀌고 있다는 것이 느껴지는 게 신기했죠. 청년들도 많아지고 개인적으로는 친구들도 많아졌어요. 그냥 친구 말고 만나면 즐겁고 행복하고 그런 친구가 많아졌어요. 도시에 비하면 인구는 작지만 그런 친구의 밀도가 높아졌어요. 그래서 이제 여기서 살다가 죽어도 되겠다 싶어요.

고산고등학교에 진로수업을 하러 갔다가 일어난 에피소드가 있다고 들었어요.

아이가 초등학교에 다닐 때 고산고등학교 교장이 요청하셨어요. 진로담당 선생님이 연수를 가서 그동안 진로수업을 맡아주면 어떻겠냐고. 우리 아이들이 갈 학교인데 미리 치맛바람을 만들어보자 이렇게 생각했어요. 그 당시 고산고등학교에는 지역 아이들이 몇 명 없었는데 그래도 지역의 어른들이 그 아이들한테 꿈을 찾아주고 싶었어요. 그래서 교장선생님한테 하고 싶은 거 있는 아이들을 뽑아달라고 요청하고 여러 직업을 가진 학부모들이 시간을 나누어 학생들과 이야기하는 방식으로 진행을 했어요. 상투적으로 직업을 이야기하는 게 아니라 좀 다르게 사는 삶, 다양한 세상이 있다는 것 보여주고 싶었어요. 저는 그렇게 학부모들을 모으고 진로수업을 진행했어요. 정말 재미있었어요. 그런데 고산고등학교 아이들 몇이 찾아왔어요. 대학에 가고 싶다고. 학부모들의 진로수업을 받고 대학에 가고 싶어졌는데 학교에서 관심이 없다는 것이었어요. 그당시 고산고등학교는 전주에서 학력이 조금 처지는 아이들이 많았거든요. 그래서 학교도 대학진학에 크게 신경을 안 쓰는 편이었죠. 그런 이야기를 동네 사람들과 했더니 바로 그 아이들을 위한 과외수업이 만들어졌어요. 학원을 했던 귀농인도 있고 해서 자원봉사 과외를 했어요. 이후에 고산고등학교 출신의 선배가 동네로 들어와서 지역에 어려운 아이들과 공부도 함께 하고 멘토도 하는 일로 연결이 되었어요. 그렇게 동네에서 자란 아이들이 대학을 가고 몇은 지역의 협동조합에서 일하고 있고 동네가 아이들을 키우는 그런 일이 벌어졌어요.

고산면의 학교나 지역의 상황이 요즘은 어떤가요?

학교는 학교대로, 고산향교육공동체도 나름 체계가 갖추어져서 학교를 보내기에 좋은 그런 동네가 된 듯해요. 12년간 즐겁게 학교에 다닐 수 있고 나름대로 의미도 찾을 수 있고. 예전에 고산초등학교 학생 수가 60~70명밖에 되지 않고 삼우초등학교가 100명이 넘었는데 고산초등학교 인근에 아파트가 생기고 지금은 학생 수는 거꾸로 되었어요. 올해 삼우초등학교 유치원에 한 명이 들어왔다고 하네요. 이제 시골의 다른 학교들도 달라져서 아이들이 분산된 거죠. 삼우초등학교는 다시 고민이 시작되었어요. 가까운 경천면에 있는 가천초등학교가 어울림학교가 되어서 학구에 상관없이 입학이 가능해져서 봉동읍의 도시지역에 있는 아이들이 입학하고 있고 삼우초등학교는 학교대로, 외부 아이들이 입학하는 가천초등학교는 그 학교대로 여러 가지 숙제가 생겼어요. 하지만 최근에 드는 생각은 뒤로 가지는 않는다는 거예요. 좋은 교장이 오셔서 잘하다가 다른 생각을 하는 분이 오면 걱정을 많이 했는데 크게 뒤로 가지는 않았어요. 고산고등학교는 코로나19 이후에 동네와 연계하는 일이 많이 줄어들었다가 최근 대안학교에서 선생님이 하던 분이 교장으로 오셔서 지역에서 몇 명, 교사 몇 명 마을교육공동체 팀을 만들어서 새로운 이야기를 하고 있어요. 예를 들면 아이들을 학교와 동네에 가두면 안된다. 처음에는 지역에서 나고 자랐으니 멀리 가지 말고 지역에서 재미있는 일을 찾아보자 이런 이야기를 많이 했거든요. 그런데 혹독하게 바깥세상, 즉 도시로 나가 경험을 해야 지역으로 오더라도 잘 살 수 있는 건데, 경험하지 않고 동네에 남아 살라고 하는 것은 의미가 없다, 이런 이야기를 하고 있다고 하네요.

이야기를 하신 김에 지역에서 공부한 아이들한테 지역은 미래가 될 수 있을지요?

　요즘 이 문제를 보다 심각하게 생각하게 되었어요. 처음에는 이 동네가 매력적이어서 아이들도 함께 살면 좋겠다 싶었는데 그건 부모의 생각인 것이고 매우 현실적인 문제가 있는 거예요. 지역에 들어온 청년들을 보니 집도 있어야 하고 생활비도 있어야 하고. 이런 게 확보되지 않았는데 들어와 살아라, 남아야 한다고 하는 것이 말이 되지 않잖아요. 아마도 이 지점이 우리나라의 많은 대안학교가 어려워지고 비판받는 이유가 아닐까 싶어요. 애들한테 대안적인 교육을 했지만, 우리 동네 같은 경우 12년을 즐겁고 행복하게 학교에 다닐 수 있게 했지만, 아이들의 이후의 삶에 대해서 큰 고민이 없잖아요. 아이들이 모두 지역에 남을 수 없겠지만 그래도 지역에 남는다면 무언가 할 수 있는 일도 있어야 하고 생활을 해결할 수 있어야 하는데. 여하튼 지역의 또 다른 숙제예요. 아직 농촌이 그런 상황이 아니라서.

학교나 교육 현실에 대해 하실 말씀이 있을지요?

공교육이라는 틀에 회의가 많이 들어요. 학교를 바꾸는 주체는 당연히 교사가 되어야 하는데 지금 교사들에게 그런 내적 힘이 있을까, 교사 사회에 그런 문화와 분위기가 만들어질 수 있을까. 마을교육공동체 일을 하면서 새로운 교사가 오면 항상 힘들었어요. 그나마 고산이라 학부모들의 분위기도 있고 지역에서 교육에 애쓰는 단체도 있고 하니까 여기까지 왔지만, 다른 지역의 이야기를 들어보니 예산을 들여 무언가 의도적으로 빨리 무언가를 만들자고 하니 원래 살던 사람들과 자기 아이들 좋은 교육을 한다고 들어온 사람들과 갈등도 있고 학부모와 교사들의 간극이 크고. 무언가 안개 속에 들어와 길을 찾지 못하고 있는 듯해요. 뭔가 큰 것을 바꾸어야 하지 않을까 싶기도 하고. 극단적이지만 공교육 전체가 무너져야 해결될 것 같은 그런 생각이 듭니다.

이제 아이들도 모두 대학에 진학했고 본인은 어떤 삶을 살고 싶으신지요?

제가 고산면에서 커피숍을 하고 있었어요. 시작은 학부모 사랑방만 되어도 좋겠다 하고 시작했는데 마을교육공동체 활동을 하면서 친구들이 많아지면서 그럭저럭 10년을 잘 운영했어요. 얼마 전에 보이찻집으로 바꾸었어요. 시끌벅적한 커피숍이 아니라 누군가 나를 만나러 오는 사람이 있었으면 좋겠다. 지금까지는 눈에 보이는 무엇인가를 바꾸고 그런 일에 에너지를 쓰며 살았다면 이제는 차의 힘을 빌려 조금 쉬면서 나를 바꾸고 채우고 싶어요. 하고 싶었던 공부도 하고. 그리고 차가 이상한 힘이 있어요. 여기 찾아오는 분들과 이야기를 하면 뭔가 에너지가 생겨요. 그걸 잘 갈무리하면서 사는 것이 60세까지의 바램입니다.

우리 아이 셋을 다 잘 알지만, 막내는 학부모 혹은 마을교육공동체 활동가로서 볼 때 어떤 아이였나요?

음유시인? 고산중학교 아이들 몇이 카페에 왔는데 구석

자리에 앉아 동우가 기타를 치고 아이들이 수다를 떠는데 아이들이 이야기하면 조용히 기타를 치다가 아이들이 기타에 호응하면 나지막이 함께 노래를 부르고 그렇게 한참을 놀다 갔어요. 얼마나 아이들이 행복하게 보이던지. 그 중심에 있었어요. 아티스트가 잘 어울리는 것 같아요. 기대하고 있어요.